**Normas e técnicas
para elaboração e
apresentação de
trabalhos acadêmicos**

Dados Internacionais de Catalogação na Publicação (CIP)
(Câmara Brasileira do Livro, SP, Brasil)

Dos Santos, Selma Cristina
  Normas e técnicas para elaboração e apresentação de trabalhos acadêmicos / Selma Cristina dos Santos, Márcia Alves Faleiro de Carvalho. – Petrópolis, RJ : Vozes, 2015.
  Bibliografia
  ISBN 978-85-326-5006-1
  1. Pesquisa – Metodologia 2. Redação acadêmica 3. Trabalhos científicos – Metodologia 4. Trabalhos científicos – Normas I. Título.

15-02146   CDD-808.066

Índices para catálogo sistemático:
1. Trabalhos acadêmicos : Metodologia : Retórica 808.066

Selma Cristina dos Santos
Márcia Alves Faleiro de Carvalho

Normas e técnicas para elaboração e apresentação de trabalhos acadêmicos

Petrópolis

© 2015, Editora Vozes Ltda.
Rua Frei Luís, 100
25689-900 Petrópolis, RJ
www.vozes.com.br
Brasil

Todos os direitos reservados. Nenhuma parte desta obra poderá ser reproduzida ou transmitida por qualquer forma e/ou quaisquer meios (eletrônico ou mecânico, incluindo fotocópia e gravação) ou arquivada em qualquer sistema ou banco de dados sem permissão escrita da editora.

Diretor editorial
Frei Antônio Moser

Editores
Aline dos Santos Carneiro
José Maria da Silva
Lídio Peretti
Marilac Loraine Oleniki

Secretário executivo
João Batista Kreuch

Editoração: Flávia Peixoto
Diagramação: Sheilandre Desenv. Gráfico
Capa: Jardim Objeto

ISBN 978-85-326-5006-1

Editado conforme o novo acordo ortográfico.

Este livro foi composto e impresso pela Editora Vozes Ltda.

À grande guerreira,
Meu modelo,
Meu orgulho,
Minha mãe.
Selma Cristina dos Santos

À minha filha Ana Lara,
Razão do meu viver,
Que me sustentou com seu amor e carinho nesta jornada.
Márcia Alves Faleiro de Carvalho

Agradecimentos

Aos nossos alunos que sempre demonstraram um desejo imenso de aprender e aos nossos colegas professores que tantas vezes nos estimularam a produzir um material que melhor auxiliasse o trabalho docente e o processo de aprendizagem.

SUMÁRIO

APRESENTAÇÃO... 9

PREFÁCIO.. 11

INTRODUÇÃO... 13

PARTE 1 – CAMINHOS PARA ORGANIZAR, ELABORAR E APRESENTAR CONHECIMENTO CIENTÍFICO... 15

CAPÍTULO 1 – ACADEMIA COMO ESPAÇO DE BUSCA E CONSTRUÇÃO DE CONHECIMENTO CIENTÍFICO... 17

CAPÍTULO 2 – CITAÇÕES (conforme NBR 10520:2002)...... 30

CAPÍTULO 3 – REFERÊNCIAS (conforme a NBR 6023:2002)... 43

PARTE 2 – TIPOS DE TRABALHOS ACADÊMICOS... 59

CAPÍTULO 4 – TRABALHO DISCIPLINAR E/OU INTERDISCIPLINAR.. 61

CAPÍTULO 5 – PROJETO DE PESQUISA (conforme NBR 15287:2011).. 77

CAPÍTULO 6 – MONOGRAFIA (conforme NBR 14724:2011).. 93

CAPÍTULO 7 – ARTIGO (conforme NBR 6022:2003)...... 122

PALAVRAS FINAIS... 135

REFERÊNCIAS.. 141

Apresentação

As colegas Márcia e Selma, em uma contribuição à tradição cultural brasileira, privilegiaram o ensino universitário com esta obra: Normas e técnicas para elaboração e apresentação de trabalhos acadêmicos, que trata de assuntos acadêmicos na transmissão de conhecimentos, que aqui devem ser tratados e entendidos como um momento de bem-conduzir os trabalhos e estudos na universidade, bem como em priorizar a pesquisa.

Esse estudo tão bem-feito, e que ao ser transformado em livro contribui para o enriquecimento da literatura que trata de metodologia do trabalho científico, é, certamente, uma grande fonte de estudo e pesquisa para professores, estudantes, e principalmente para o pesquisador, que acompanha as normas vigentes e determinantes da evolução sobre normas que regem os estudos científicos.

Sabe-se que uma das principais causas do fraco desempenho dos estudantes no ensino superior é a concepção equivocada ou enviesada das teorias e práticas relacionadas às metodologias científicas.

Este livro fornece diretrizes com componentes que ajudam a superar as dificuldades e as limitações relacionadas às normas científicas, das quais as pessoas geralmente necessitam para uma condução correta de seus trabalhos.

Portanto, leia uma, duas, três vezes, se necessário for, para assimilar os conteúdos tão eficazes que esta obra nos apresenta.

Por meio dela, encontrará diretrizes, metodologias e técnicas para a formação adequada em hábitos de leitura, de estudo, de como analisar textos e começar um trabalho investigativo de modo que os estudos tornem-se prazerosos, fecundos e produtivos.

Parabéns, mestras Márcia e Selma, pela contribuição tão importante como esta obra de grande valor e qualidade, que me honra apresentá-la.

Professora Ma. Cláudia Márcia Romano
Mestre em Geografia pela UFG,
professora efetiva da UEG

Goiânia, 05 de agosto de 2014.

Prefácio

Gilles Deleuze e Félix Guattari escreveram: "Com o passar dos anos, os livros envelhecem, ou, ao contrário, recebem uma segunda juventude. Ora eles engordam e incham, ora modificam seus traços, acentuam suas arestas, fazem subir à superfície novos planos"[1]. Este livro de normas e técnicas para elaboração e apresentação de trabalhos acadêmicos não é um livro envelhecido, nem gordo ou inchado pelo tempo, também não é um livro desterritorializado, pois, mesmo tendo uma vida recente no território das obras de metodologia, já conquistou seu espaço. Ele passou por uma modificação em seu traçado original, o que demarcou uma nova rota em sua superfície e provocou uma significativa reorganização dos seus conteúdos. Por isso, temos em mãos uma obra rejuvenescida.

Nesta renovada obra, as autoras, Selma Cristina e Márcia Faleiro, criaram dois eixos estruturantes: no primeiro, encontram-se os passos iniciais para os neófitos da vida acadêmica, orientações fundamentais para sobreviverem na superfície estriada e turbulenta das universidades; e, no segundo, apresentam os tipos básicos de trabalhos acadêmicos. Com isso, elas nos oferecem um instrumento de trabalho que atende aos critérios fundamentais dos trabalhos acadêmicos, pois existem três imperativos básicos em todo autêntico trabalho intelectual: clareza, funcionalidade

---

1. Prefácio à edição italiana, In: Mil Platôs. Vol. 1. São Paulo: Ed. 34, 2011. p. 9.

e coerência. E na leitura deste manual encontramos exatamente este tripé. A **clareza** da obra está na escolha do estilo linguístico simples, sem o excesso retórico, sem o abuso tedioso do eruditismo vazio, sem os preciosismos de um vocabulário distante. E essa clareza associada à concisão faz deste livro uma peça de fácil acesso e manuseio. Além disso, neste mundo de comunicação cada vez mais intensa e rápida, principal marca dos aplicativos de interação social, não se pode duvidar do acerto das autoras na escolha deste estilo: explicações concisas e diretas, parágrafos curtos apresentando o essencial. A **funcionalidade** da obra das professoras Selma Cristina e Márcia Faleiro se dá exatamente nas exemplificações didáticas, pois, a partir dos exemplos, modelos e atividades complementares, elas ajudam os estudantes em suas tarefas acadêmicas. Por isso, este livro funciona como um mapa de orientações metodológicas que oferece aos estudantes instrumentos necessários e úteis para obter êxito em seus trabalhos acadêmicos, tornando essa atividade menos angustiante e mais eficiente. E, por fim, a **coerência** encontra-se na consolidação do objetivo do livro, qual seja, ser um roteiro básico para elaboração e apresentação de trabalhos acadêmicos.

Sem dúvida, este livro é um ótimo guia para os iniciantes aos estudos no Ensino Superior. Assim, pelo que foi exposto, considero que ele contém as características fundamentais para se transformar num instrumento de apoio para os estudantes, e um excelente roteiro para os professores de metodologia do trabalho acadêmico. E, com certeza, o senso prático, a objetividade e a clareza qualificam esta obra nesta dupla função.

Clever Luiz Fernandes
Professor de Filosofia
Universidade Federal do Maranhão – UFMA

Introdução

*Não desejes que as coisas aconteçam tal como desejos,
mas sim que elas aconteçam tal como
aconteçam, e serás feliz.*

Epíteto

O novo traz consigo um misto de prazer e de insegurança, prazer gerado pela expectativa do que virá e insegurança gerada pela incerteza do vir a ser. No mundo acadêmico essa realidade não é diferente, a chegada à universidade deixa no acadêmico um sentimento de ansiedade e de espera, que só é amenizado à medida que ele vai se inteirando do novo ritmo e dos conteúdos que vão sendo gradativamente apresentados. Indiferentemente do curso em que esteja inserido, seja na área de humanas, exatas ou biológicas, o acadêmico irá ouvir dos novos mestres a fala frequente de que o mundo acadêmico apresenta características distintas do ensino fundamental e médio, uma vez que se prima não só pela transmissão, mas também pela construção de conhecimento. Também é frequente a orientação no sentido de que essa nova busca de conhecimento deve ser marcada por um rigor que vai desde a forma de se organizar os materiais das diferentes disciplinas até a forma de organizar e escrever sobre um determinado assunto.

Com o objetivo de auxiliar o acadêmico nessa nova etapa da vida, inserindo-o no mundo da ciência, é que existem as disciplinas que apresentam a eles os caminhos que devem ser trilhados na busca do conhecimento. Nominadas como iniciação científica, metodologia da pesquisa, métodos e técnicas de pesquisa, introdução à metodologia da pesquisa, introdução à iniciação científica, fundamentos de metodologia científica etc., essas disciplinas procuram apresentar aos acadêmicos os diferentes tipos de conhecimento, dando ênfase ao conhecimento científico por ser esse o foco de interesse da academia (sobre esse tema veja as palavras finais deste livro). Orienta ainda o acadêmico na busca e produção deste conhecimento, no sentido de trilhar um caminho que permita um melhor rendimento escolar e um reconhecimento do que está sendo escrito, orientando sobre a forma correta de apresentar o conhecimento a fim de evitar o plágio. Também apresenta ao acadêmico os diferentes tipos de produção científica, a função de cada uma delas e como devem ser produzidas.

O livro que ora se encontra em vossas mãos contempla os conteúdos propostos por essas disciplinas tendo, em todo momento, como sustentação teórico-metodológica, as normas estabelecidas pela Associação Brasileira de Normas Técnicas – ABNT. Dividido em duas partes, apresentamos os conteúdos assim distribuídos: Parte 1 (capítulos 1, 2 e 3). No capítulo 1, sustentadas pela NBR 6028, apresentamos orientações relacionadas à organização da vida acadêmica, às técnicas de leitura, de sublinhar, de fichar e de resumir. No capítulo 2, sustentadas pela NBR 10520, falamos sobre citações. Orientamos sobre sua importância e função em uma produção textual e apresentamos suas normas específicas. No capítulo 3, sustentadas pela NBR 6023, mostramos o que é uma referência, qual a sua importância, os diferentes tipos de referência e como fazer cada tipo de referência. Parte 2 (capítulos 4, 5, 6 e 7). No capítulo 4, sustentadas pela NBR 14724, mostramos como deve ser produzido um trabalho disciplinar e/ou interdisciplinar, apresentando os elementos pré e pós-textuais com seus respectivos modelos. No capítulo 5, sustentadas pela NBR 15287, mostramos o que é um projeto de pesquisa, qual a sua função e importância, e ensinamos passo a passo como elaborar um projeto de pesquisa. No capítulo 6, sustentadas pela NBR 14724, falamos sobre os diferentes tipos de monografia e apresentamos seus elementos pré e pós-textuais com seus respectivos modelos. No capítulo 7, sustentadas pela NBR 6022, orientamos a elaboração de artigo, ressaltando sua importância como meio de apresentar à comunidade científica e ao público em geral resultados de estudos e de pesquisas.

PARTE 1
Caminhos para organizar, elaborar e apresentar conhecimento científico

Falando sobre a construção do conhecimento, Santos (2010) ressalta que existe uma tendência social de se ver a ciência como algo muito além dos "pobres mortais", coisa de "gente grande" ou de "gente louca", e afirma, ainda, que essa visão faz com que a grande maioria dos estudantes não assuma para si o fato de que, num futuro próximo ou distante, possam se tornar grandes cientistas e/ou pesquisadores.

É com o intuito de direcionar você, leitor, no caminho do conhecimento, que organizamos esta primeira parte. Considerando o fato de que a ciência possui técnicas, normas que lhe são específicas e que sem as quais não se obtêm o caráter de ciência, ressaltamos que tão importante quanto organizar material e tempo de estudo, saber sublinhar, fichar e ou resumir um material, é organizar a escrita a fim de que ela tenha caráter acadêmico.

É bem verdade que o caminho da ciência é árduo e exige rigor e persistência, porém é importante ressaltar o fato de que é muito prazeroso, ao final de cada caminhada, contemplar os frutos.

Boa caminhada. E que os frutos venham.

CAPÍTULO 1
Academia como espaço de busca e construção de conhecimento científico

*Ele supõe saber alguma coisa e não sabe,
enquanto eu, se não sei, tampouco suponho saber.
Parece que sou um pouco mais sábio que ele,
exatamente por não supor que saiba o que não sei.*
Sócrates

1.1 Criação de rotinas para se tornarem hábitos na universidade

No ensino superior, o estudante se deparará com exigências específicas, onde ele terá que adotar novas posturas e tomar medidas para enfrentá-las. Inicialmente, o estudante terá que se conscientizar de que os resultados dependem dele mesmo. Ele deverá ter mais autonomia na efetivação da aprendizagem. A vida acadêmica exigirá dele uma postura de autoatividade didática crítica e rigorosa. O estudante irá se deparar com recursos que não vão além de instrumentos para uma atividade criadora.

O empenho do estudante será no sentido de construir um projeto de trabalho individualizado, com auxílio de instrumentos que irão ajudá-lo na organização de um material didático e científico. Esse material será a sua base para o processo coletivo de aprendizagem na sala de aula.

1.2 Os instrumentos de trabalho

A formação universitária se inicia com a fundamentação teórica, que ocorre através das aulas, mas depende do estudo pessoal;

para tanto se torna necessária a formação de uma **biblioteca pessoal**, que deve ser especializada, qualificada e digitalizada. Essa biblioteca deverá ser composta por textos básicos, tais como obras de referência em geral, textos clássicos, dicionário específico, revistas especializadas, obras específicas da área e áreas afins e, com o avanço do curso, textos monográficos. Esse material tem como **finalidade** o desenvolvimento e a maturação da aprendizagem, bem como a preparação para leitura de textos mais específicos.

Para a organização desse material, os recursos virtuais também deverão ser buscados, entre eles os e-books e os diversos sites relacionados ao curso. Entre eles:

SCIELO LIVROS — Disponibiliza livros acadêmicos de diversas áreas do conhecimento. As obras publicadas pelo Scielo seguem padrões internacionais e são selecionadas segundo controles de qualidade aplicados por um comitê científico. São legíveis em telas de computadores e em leitores de e-books, tablets e smartphones;

BDTD — BIBLIOTECA DIGITAL BRASILEIRA DE TESES E DISSERTAÇÕES — Tem por objetivo integrar os sistemas de informação de teses e dissertações existentes no país, possibilitando uma forma única de busca e acesso a esses produtos;

E-BOOKS BRASIL — Ferramenta que disponibiliza para download livros literários nacionais e importados, jornais e revistas para uso pessoal e não comercial;

ACERVO DIGITAL VEJA — Coleção completa da revista *Veja*. Também é possível acessar um conjunto de pesquisas previamente elaborado pela redação do site da revista, com temas da atualidade e fatos históricos;

BIBLIOTECA VIRTUAL UNIVERSITÁRIA — Coleção de e-books das editoras Pearson, Manole, Contexto, Ibpex, Papirus, Casa do Psicólogo, Ática, Scipione, Companhia das Letras, Educs, Rideel, Jaypee Brothers, Aleph e Lexikon;

BUSINESS SOURSE COMPLETE (EBSCO) — Banco de dados com uma coleção abrangente das principais revistas de negócios e textos acadêmicos desde 1886. Além disso, é possível pesquisar referências citadas em mais de 1.300 periódicos, vídeos de negócios e perfis de empresas.

Outro ponto importante é a participação do universitário em acontecimentos extraclasses: simpósios, congressos, encontros, semanas etc.

1.3 Exploração dos instrumentos de trabalho

O material básico selecionado pelo aluno complementará os dados adquiridos nas atividades de classe. Anotações em sala de aula devem ser transcritas em fichas de documentação. Durante a transcrição, as ideias truncadas devem ser complementadas recorrendo-se aos instrumentos pessoais de pesquisa e às obras básicas de referência. Agindo assim, o aluno realiza ao mesmo tempo todas as dimensões da aprendizagem, sem se preocupar em "decorar", ele está pensando as ideias, pesquisando, comparando e se informando. Dessa forma o aluno vai se familiarizando com o assunto.

Outras formas de revisão de matéria são os trabalhos em grupo, a organização de seminários e a elaboração de trabalhos de pesquisa.

1.4 A disciplina do estudo

A organização dos estudos é indispensável para o aproveitamento qualitativo da graduação e como continuidade da vida profissional. O aluno aproveitará o tempo disponível de forma eficiente e agradável. A distribuição dos estudos deve ocorrer em vários dias da semana, para que as matérias das várias disciplinas sejam revisadas o mais próximo possível das aulas.

Os estudos e trabalhos em grupo devem ser organizados da mesma forma, não ultrapassando duas horas e com intervalos de meia hora.

1.5 Leitura

A leitura é decisiva para o estudo, proporciona a ampliação de conhecimentos, a obtenção de informações, a organização do pensamento, o aumento do vocabulário e o melhor entendimento do conteúdo das obras. A maioria dos conhecimentos é adquirida por leitura. É através da leitura que vamos conhecer, interpretar, decifrar e separar os elementos mais importantes dos secundários e então utilizá-los como novas fontes de saber.

Ao emaranhar no mundo da leitura é importante se atentar para aspectos como:

1.5.1 Elementos auxiliares:

a) O título – apresenta o assunto e, às vezes, até a intenção do autor;

b) Data da publicação – fornece atualização e aceitação (número de edições);

c) Contracapa – qualificações do autor:

d) Sumário – tópicos abordados na obra;

e) Introdução – objetivos do autor e metodologia empregada por ele;

f) Bibliografia – obras consultadas pelo autor.

1.5.2 Leitura proveitosa

É comum ouvir dos alunos, principalmente nos primeiros semestres da vida acadêmica, afirmações do tipo: "eu leio muito, mas não consigo fixar o conteúdo". Para evitar que isto aconteça é importante que o leitor se atente aos seguintes pontos fundamentais:

a) Atenção – busca de entendimento, assimilação e apreensão do texto;

b) Intenção – proveito intelectual;

c) Reflexão – observação sobre o que se lê, tentando descobrir novos pontos de vista;
d) Espírito crítico – emitir juízo de valor;
e) Análise – divisão do tema em partes, determinando as relações entre elas e o entendimento;
f) Síntese – resumo dos aspectos essenciais.

1.5.3 Objetivos

a) Certificar-se do conteúdo do texto;
b) Identificar, a partir das informações do autor, o problema em pauta;
c) Verificar a validade das informações.

1.5.4 Fases da leitura informativa

a) Reconhecimento – leitura rápida. Faz-se olhando o sumário e os títulos e subtítulos dos capítulos;
b) Exploratória ou pré-leitura – localização de informações. Faz-se olhando a página de rosto, a introdução, o prefácio, a contracapa, a bibliografia e as notas de rodapé;
c) Seletiva – concentração em informações pertinentes ao problema;
d) Reflexiva – reconhecimento e avaliação de informações, intenções e propósitos do autor;
e) Crítica – avalia as informações do autor. De um lado, obter uma visão global do texto e do outro descobrir as intenções do autor;
f) Interpretativa – relaciona as afirmações do autor com os problemas para os quais, através da leitura dos textos, está se buscando uma solução;
g) Explicativa – verificar os fundamentos de verdade enfocados pelo autor.

1.5.5 Sublinhar e resumir

A leitura de estudo é composta por duas técnicas: saber como sublinhar e fazer o resumo.

Todo texto, capítulo ou parágrafo têm uma ideia principal, o caminho para aprendizagem é descobri-la. Feito isso, parágrafo por parágrafo, encontra-se o fio condutor do texto. Ao lado dessas ideias importantes existem outras menos importantes, que também devem ser identificadas. Por isso, o bom leitor utiliza o recurso do sublinhar.

Noções básicas da arte do sublinhar:

a) Não sublinhar nada na primeira leitura;

b) Na segunda leitura, sublinhar com dois traços as palavras-chave e com um traço alguns pormenores significativos;

c) Passagens que se configuram como um todo relevante devem ser assinaladas com uma linha vertical, à margem;

d) Dúvidas devem ser assinaladas com um ponto de interrogação;

e) Cada parágrafo deve ser reconstituído a partir das palavras sublinhadas;

f) Palavras não compreendidas devem ser entendidas mediante consulta ao dicionário.

Após o processo descrito acima, passa-se à etapa de elaboração do esquema, fundamentado na hierarquia de palavras, frases e parágrafos-chave. A partir do esquema faz-se o resumo com sentido completo.

1.6 Fichamento

O fichamento é uma das ferramentas utilizadas ao longo da vida acadêmica como uma das formas de armazenar, em um espaço menor, as informações obtidas em um material lido. É elaborado em forma de tópicos, que fazem entender o conteúdo apresentado. Não se espera de um fichamento sequência lógica de conteúdo.

O hábito de fichar o material lido garante ao estudante/pesquisador ganho de tempo quando for estudar e/ou quando precisar escrever sobre determinado assunto. Ao longo dos tempos, as fichas foram feitas manualmente, atualmente, com o advento da informática, as fichas podem ser feitas em arquivos próprios no computador.

1.6.1 Tamanho

As fichas feitas manualmente podem ser de folhas de papel A4 dobradas ao meio ou cortadas em quatro partes iguais; podem também ser compradas em papelarias, nos tamanhos:

* Pequenas, de 7,5cm x 12,5cm;
* Médias, de 10,5cm x 15,5cm;
* Grandes, 12,5cm x 20,5cm.

1.6.2 Objetivos

*As *fichas de catalogações bibliográficas* são encontradas em bibliotecas. Essas servem para identificar o autor, localizar o título e localizar o assunto, referentes a uma determinada obra.

*As *fichas de leitura* são elaboradas pelo próprio leitor, durante o processo de pesquisa. Essas servem para analisar material colhido na pesquisa (análise ou comentário), fazer citação (ficha de transcrição) e resumir uma obra ou parte dela (ficha resumo).

1.6.3 Modelo

As fichas são compostas por cabeçalho, referências bibliográficas, espaço para texto. A primeira linha é utilizada para o cabeçalho com o título genérico e a segunda para o título específico. As linhas seguintes, o corpo da ficha, são destinadas ao texto, e a última linha serve para a indicação do local onde se encontra a obra.

Veja a seguir um exemplo de ficha resumo do capítulo 2 deste livro.

> **Exemplo de fichamento do capítulo 2 – Citações**
>
> DOS SANTOS, Selma Cristina; CARVALHO, Márcia Alves Faleiro de. Citações (conforme NBR 10520:2002). In: _____. **Normas e técnicas para elaboração e apresentação de trabalhos acadêmicos.** Petrópolis: Vozes, 2015. p. 30_42.
>
> *Citação é copiar algo que foi escrito ou dito por outra pessoa. *Para transcrever as ideias do autor, o aluno deve indicá-lo. *Citação é um recurso que auxilia o trabalho, antecedida ou precedida de interpretação. *Podem ser sistema de chamada; numérico ou autor-data. *Regras básicas para as citações são baseadas na autoria e no local. *Partes eliminadas do texto são denominadas supressões e os acréscimos e comentários, interpolações. *Nos destaques são utilizadas as expressões grifo nosso ou grifo do autor. Informações verbais e trabalhos em fase de elaboração devem vir entre parênteses ou em nota de rodapé. *Traduções são incluídas na citação, "tradução nossa". *Citações podem ser indiretas quando você se baseia numa obra e escreve com suas palavras, então se indica o autor e o ano da publicação. *Citações diretas são transcrições textuais de partes de obras. Podem ser diretas curtas, até três linhas e diretas longas, acima de três linhas. *Citação de citação é quando, de forma direta ou indireta, não se teve acesso ao original da obra; são precedidas de apud.

1.7 Resumo

Definido pela ABNT como apresentação concisa dos pontos relevantes de um texto, fornecendo uma visão rápida e clara do conteúdo e das conclusões do trabalho (NBR 6028:2003), o resumo apresenta os pontos mais importantes do texto. Tem por fim difundir, de forma condensada, informações contidas em livros, pesquisas, aulas, congressos, seminários etc.

O resumo, diferentemente do fichamento, que é formado por uma sequência de tópicos, é caracterizado como um tipo de produção textual que exige uma sequência lógica de conteúdo. E, como todo texto, deve ser elaborado observando uma estrutura de escrita com sequência de frases que formam parágrafos.

Quando o resumo não é inserido no próprio documento (como no caso de artigo e monografia) ele deve ser precedido da referência do documento.

1.7.1 Passos para o resumo

a) Leia rapidamente o texto e procure responder, enquanto lê: "de que trata o texto?";

b) Releia o texto e sublinhe as informações mais importantes;

c) Anote o significado de palavras desconhecidas;

d) Faça um esquema do resumo que conste o tema, as ideias básicas e a conclusão e posteriormente sintetize as ideias do esquema;

e) Releia, resuma e passe a limpo o seu resumo.

DICA: Observe as diferentes partes do texto e identifique as palavras-chave das suas ideias básicas. Sublinhe-as, então você terá um esboço para redigir seu resumo.

1.7.2 Tipos de resumos

Entendendo resumo como apresentação concisa dos pontos relevantes de um documento, a NBR 6028:2003 faz referência a três tipos distintos de resumo que podem ser vistos a seguir.

1.7.2.1 Resumo indicativo

Resumo onde se destaca apenas as ideias principais do documento. Expõe-se uma visão geral do texto e são excluídas ideias secundárias e terciárias. Esse tipo de resumo é também denominado descritivo e tem a função de informar ao leitor o conteúdo do material resumido, portanto, não dispensa a leitura do texto original.

Deve ser redigido em um único parágrafo. Adequado ao conteúdo de folhetos de propaganda, catálogos de editoras, livrarias e distribuidoras. Pode ser utilizado para exposição sucinta de uma obra (artigos, monografias). Não informa dados qualitativos e quantitativos.

Segundo a NBR 6028:2003, quanto à extensão, os resumos devem ter: de 150 a 500 palavras, se para trabalhos acadêmicos; de 100 a 250 palavras, se para artigos e de 50 a 100 palavras, se para indicações breves.

Veja a seguir um exemplo de resumo indicativo do capítulo 2 deste livro.

Exemplo de resumo indicativo

DOS SANTOS, Selma Cristina; CARVALHO, Márcia Alves Faleiro de. **Normas e técnicas para elaboração e apresentação de trabalhos acadêmicos.** Citações (conforme NBR 10520:2002). Petrópolis: Vozes, 2015.

Este capítulo enfoca as regras estabelecidas pela ABNT para citações em documentos. Mostra o que é plágio e o que é citação, para que servem citações em um documento, em que circunstâncias devem ser utilizadas citações, cuidados que devem ser tomados ao utilizarem citações e como as citações devem aparecer nos documentos.

Palavras-chave: Citação. ABNT. Regras.

1.7.2.2 Resumo informativo

Traz informações suficientes sobre o conteúdo do texto, dispensa a leitura do texto original. Expõe finalidades, metodologia, resultados e conclusões do texto resumido. Informam dados qualitativos e quantitativos da obra. Por dispensar a leitura do original, o resumo informativo não pode suprimir nenhuma ideia primária, mas deve eliminar todas as ideias secundárias e terciárias. Não tem uma definição específica da quantidade de palavras que ele deve conter, uma vez que a extensão do material a ser resumido é sempre diferenciada, porém deve-se cuidar para que o resumo fique com no máximo 1/3 do tamanho do documento original. Veja a seguir um exemplo de resumo informativo do capítulo 2 deste livro.

> **RESUMO INFORMATIVO**
>
> DOS SANTOS, Selma Cristina; CARVALHO, Márcia Alves Faleiro de. **Normas e técnicas para elaboração e apresentação de trabalhos acadêmicos.** Citações (conforme NBR 10520:2002). Petrópolis: Vozes, 2015.
>
> Este capítulo enfoca as regras de citações em documentos, de acordo com a ABNT, através da NBR 10520:2002. Fazer uma citação é copiar em um documento algo que foi escrito ou dito por outra pessoa. A citação é um recurso que auxilia o trabalho, mas deve sempre ser antecedida ou precedida de interpretação. As normas estabelecidas para citações devem ser seguidas rigorosamente a fim de evitar plágio.
>
> As citações devem ser apresentadas no documento seguindo o sistema de chamada numérico ou autor-data. No sistema numérico a indicação da fonte é feita em numeração arábica remetendo à lista de referências que deve figurar no final do capítulo, da parte ou do documento. No sistema autor-data, deve se indicar junto à citação o autor, a data de publicação da obra e a página de onde foi retirada a citação.

As citações podem ser: indiretas – quando você se baseia numa obra e escreve com suas palavras; então se indica o autor e o ano da publicação – e diretas – transcrições textuais de partes de obras. Estas podem ser: diretas curtas – quando o texto é inferior a três linhas, aparecem no próprio texto com aspas duplas, autor, ano e página – e diretas longas – quando o texto copiado é acima de três linhas, nesse caso faz-se o recuo na margem esquerda, com fonte 10 e espaçamento 1,5, autor, ano e página. E ainda, citação de citação, quando não se teve acesso ao original. Essas citações são precedidas de apud e podem ser de forma direta ou indireta.

1.7.2.3 Resumo crítico ou resenha

Segundo a NBR 6028:2003 da ABNT, a resenha é o mesmo que resumo crítico (recensão) e "deve ser redigido por especialista com análise crítica de um documento" (p. 1) e tem como objetivo orientar o leitor para o valor da obra. Sendo a resenha um trabalho que exige análise, o resenhista precisa apresentar conhecimento elaborado do conteúdo a ser resenhado. Quanto à extensão da resenha, não existe uma padronização, fica a depender do tamanho da obra trabalhada. Podem ser resenhados filmes, peças teatrais, livros literários (romance, poesia etc.), livros acadêmicos científicos, artigos etc.

1.7.2.3.1 Estrutura do resumo crítico ou resenha

⇒ Referência bibliográfica: autor, título da obra, número da edição, local de publicação, editora, ano e número de páginas;

⇒ Credenciais da autoria: breve apresentação do(a) autor(a) ou autores, em relação ao seu currículo (nacionalidade, área de atuação, publicações, títulos etc.)

⇒ Resumo da obra: assunto, metodologia e noções básicas da obra. Pode ter mais de um parágrafo;

⇒ Conclusão do autor: exposição clara dos resultados alcançados pelo autor da obra;

⇒ Apreciação crítica do resenhista: discorrer sobre o estilo do autor. As ideias são originais, claras e coerentes? O autor é conciso e objetivo? É idealista? É realista?

⇒ Indicação da obra: informar a que público se destina a obra ou a quem ela pode ser útil? Em que curso pode ser adotada?

ATIVIDADES COMPLEMENTARES

1. Explique qual a importância da técnica de sublinhar.

2. Como diferenciar fichamento de resumo informativo?

3. Leia atentamente as *palavras finais* deste livro, tendo o cuidado de ir sublinhando as ideias principais conforme as orientações do item 1.5.5, em seguida:

a) Faça um fichamento das palavras finais;

b) Faça um resumo informativo das palavras finais;

c) Faça um resumo indicativo das palavras finais;

4. Seguindo as mesmas orientações da atividade anterior, faça um fichamento, um resumo indicativo e um resumo informativo de um artigo indicado pelo(a) professor(a).

CAPÍTULO 2
Citações (conforme NBR 10520:2002)

*Falar abertamente é característica própria
do espírito livre, e o perigo está em não saber
o momento exato de fazê-lo.*

Demócrito

No mundo acadêmico é muito frequente a fala dos professores de que, ao se redigir um trabalho, não se podem copiar partes de outro autor, no sentido de alertar o aluno quanto ao plágio. Isso, em geral, gera uma angústia muito grande, sobretudo para os iniciantes da vida acadêmica. Na verdade, é necessário salientar: não é que não se possa copiar, o que não se pode é copiar sem dizer que está copiando, ou seja, tudo que se copia de algum lugar (seja de um livro, da internet, de algo que se ouviu falar em um congresso...) é necessário informar que não é uma ideia sua, mas de outrem. A esse copiar algo escrito ou dito por outra pessoa dá-se o nome de citação. Sobre esse assunto, Eco (2003, p. 128) orienta o aluno no sentido de que quando se passa para a fase de redação do trabalho é necessário tomar cuidado para não transcrever as ideias do autor sem assim o indicar, uma vez que tal atitude se configura como plágio. Servo; Bervian e Da Silva falam que o plágio, além de ser uma apropriação indébita de ideia, é também desonestidade intelectual (2007, p. 128). A ABNT através da NBR 10520:2002 normatiza o ato de copiar definindo citação como "menção de uma informação extraída de outra fonte" (p. 1).

Ao dizer que em um trabalho se pode inserir dados e/ou informações de outra fonte é necessário deixar claro a função da citação no corpo de um trabalho. Toda citação deve vir como um "recurso" que auxilia no trabalho, e, como auxílio, não deve ocupar a maior parte do texto, ou seja, não pode ser "Ctrl C e Ctrl V". Não existe uma norma que regulamente quantas citações se pode fazer em um texto, ou de que tamanho deve ser uma citação; no entanto, "a competência redacional do cientista pressupõe a capacidade de fazer citações" (apud MÜLLER; CORNELSEN, 2003, p. 31), uma vez que "a sua função consiste em sustentar o raciocínio do autor no decorrer do trabalho" (ACEVEDO; NOHARA, 2006, p. 141). Para que as citações atendam a essa função é necessário que toda citação anteceda ou preceda uma interpretação, ou seja, deve-se citar e depois interpretar ou citar como apoio à interpretação (ECO, 2003, p. 121). Para Servo; Bervian e Da Silva (2007) a citação tem o intuito de dar autoridade científica ao texto, portanto, o escritor deve sempre citar autores com titularidade e/ou experiência maior que a que possui. É com base nesse entendimento que eles afirmam que: "as citações são comumente utilizadas em trabalhos acadêmicos com dois propósitos distintos: mostrar erudição por parte de quem escreve ou utilizar a autoridade acadêmica e científica de renomados autores" (2007, p. 128). Vale ressaltar que qualquer que seja o motivo que leve o autor a fazer uso de citações em seus trabalhos, elas devem sempre vir como complemento ao que está sendo dito, como uma forma de enriquecer o trabalho. É com base nesse entendimento que Müller e Cornelsen dizem que:

> as citações, quando bem-escolhidas, isto é, quando relacionadas diretamente ao texto, têm o poder de enriquecer a matéria, pois denotam pesquisa e preocupação por parte do autor com relação aos autores escolhidos, geralmente relevantes para o assunto (2003, p. 31).

Sabendo serem as citações de suma importância em um trabalho acadêmico/intelectual e vendo-as "Como propriedade intelectual dos seus respectivos autores, todas as citações devem ser identificadas na monografia" (ACEVEDO; NOHARA, 2006, p. 147). É com base nesse entendimento que a ABNT normatiza tipos de citações e forma correta de fazê-las em um trabalho como pode ser visto a seguir.

2.1 Tipos de citação

Tendo em vista o fato de que toda citação deve apresentar as referências devidas, a ABNT definiu quatro tipos de citação e para cada um desses tipos estabeleceu normas específicas; dessa forma, toda e qualquer citação encaixa em um desses quatro tipos e deve, portanto, seguir uma norma.

2.1.1 Citação indireta

Segundo a NBR 10520:2002, citação indireta é "texto baseado na obra do autor consultado", ou seja, é você escrever no seu trabalho, com suas próprias palavras, o que o autor consultado está dizendo. As citações indiretas são, por alguns autores, nominadas de citações livres de textos ou ainda paráfrases. Nas citações indiretas, a indicação das páginas consultadas é opcional, porém é obrigatória a indicação do autor e do ano de publicação da obra. Por se tratar de um texto, não exige nenhum tipo de diferenciação no que diz respeito à estrutura gráfica, devendo ser redigida normalmente no corpo do trabalho.

> Ex.: Para Alonso, López e Castrucci (2006), a responsabilidade social nas últimas décadas tem sido uma preocupação das empresas, que perceberam a importância de se relacionarem com fornecedores, clientes, empregados e sociedade.

2.1.2 Citação direta

Definida como: "transcrição textual de parte da obra do autor consultado" (NBR 10520:2002, p. 2), as citações diretas são classificadas como direta curta ou direta longa.

2.1.2.1 Citação direta curta

É reconhecida como citação direta curta quando o trecho que se copiou do autor consultado ocupa um espaço igual ou inferior a três linhas. Estas citações devem aparecer no texto entre aspas duplas e com as referências devidas.

Ex.: Segundo Gauthier e Tardif "para os pedagogos que precederam Rousseau, todos os princípios da educação tinham como característica querer formar o homem em vista de alguma coisa" (2010, p. 165).

2.1.2.2 Citação direta longa

É reconhecida como citação direta longa quando o trecho que se copiou do autor consultado ocupa um espaço superior a três linhas. Este tipo de citação deve aparecer no texto com as devidas referências, com recuo de 4cm da margem esquerda, sem aspas e com fonte de tamanho 10. A NBR 10520:2002 não padroniza o tamanho da fonte, diz apenas que deve aparecer com letra menor do que a do texto utilizado.

Por não fazer nenhuma referência a espaçamento entre linhas, entende-se que prevalece o mesmo espaçamento do texto, ou seja, 1,5. (Obs.: a NBR 14724:2011 que normatiza trabalhos acadêmicos e a NBR 15287:2011 que normatiza projeto de pesquisa, embora digam que as citações devem ser apresentadas conforme a NBR 10520, definem que as citações diretas longas devem ser redigidas em espaço simples, porém isso é orientação específica dessas duas normas.)

> Ex.: Justifica Assis e Kumpel:
> Só como transgressor da lei pode o imigrante ilegal ser protegido pela lei. Enquanto durar o julgamento e o pronunciamento de sua sentença, estará salvo daquele domínio arbitrário da polícia, contra a qual não existem advogados nem apelações. Os imigrantes ilegais não perdem direitos, eles simplesmente não os têm. São elementos indesejáveis que vivem no limbo da sociedade, e por isso supérfluos e descartáveis. Há, nesse sentido, uma imensa distância entre os direitos formalmente consagrados nas declarações dos direitos humanos firmados pelas nações e nas leis internas dos países e a realidade de fato a que eles se reportam (2011, p. 49).

2.1.3 Citação de citação

A NBR 10520 define citação de citação como "citação direta ou indireta de um texto em que não se teve acesso ao original" (2002, p. 1), ou seja, é copiar no seu trabalho uma citação feita pelo autor consultado. É você citar no seu trabalho um autor do qual você não teve acesso à obra. Essas citações devem aparecer no texto sempre acompanhadas da expressão apud (que significa citado por, conforme, segundo).

> Ex.: Segundo Margolis (1994), os brasileiros que trabalham como engraxates em ruas e parques de Nova York também comercializam suas posições (apud MARTES, 1999, p. 107).
> "A imigração deve ser pensada como estrutura comunitária: não redutível às características nem às intenções individuais" (TILLY, 1990, p. 88 apud MARTES, 1999, p. 43).

A entrevistada afirma que:
> Sou doméstica. As pessoas desvalorizam as domésticas no Brasil. Não respeitam. Aqui, não. Sou tratada como uma pessoa importante para a família. De confiança. Me entregam a casa com a chave, joias, dinheiro. No Brasil não confiam. No Brasil meu salário era tido como bom. Mas quando chega o aumento dos alugueis, eu tinha que pedir dinheiro para o meu irmão para comprar comida (apud MARTES, 1999, p. 102).

2.2 Regras de apresentação

2.2.1 Autoria

Toda citação deve obrigatoriamente indicar a autoria da mesma, para tanto, deve conter: a) o sobrenome do autor, ou o nome da instituição responsável ou o título incluído na sentença; b) a data de publicação da obra: c) a página, o volume, a seção de onde retirou a citação (nas citações indiretas a página é opcional).

O sobrenome do autor, ou o nome da instituição responsável ou o título incluído na sentença devem ser escritos em letras maiúsculas e minúsculas se fora dos parênteses e, em letras maiúsculas, se dentro dos parênteses.

> Ex.: De acordo com Alonso, Lopez e Castrucci (2006, p. 160), "tanto a teoria quanto a prática do modelo ético da empresa capitalista social apresentam certa coerência com os princípios e valores éticos clássicos da pessoa e com o bem comum".
> Ou: "tanto a teoria quanto a prática do modelo ético da empresa capitalista social apresentam certa coerência com os princípios e valores éticos clássicos da pessoa e com o bem comum" (ALONSO; LOPEZ; CASTRUCCI, 2006, p. 160).

2.2.2 Local de onde se retirou a citação

A página, o volume e a seção de onde se retirou a citação devem sempre seguir a data de publicação da obra, precedidos do termo que os caracterizam de forma abreviada, ou seja, a página deve ser precedida da letra p., o volume da letra v., a seção da letra s.

> Ex.: "no caso de nossa sociedade, a dificuldade parece ser justamente a de aplicar esse dualismo de caráter exclusivo" (DAMATTA, 1993, p. 41).

2.2.3 Supressões

As supressões, ou seja, as partes do texto que forem eliminadas devem ser indicadas da seguinte forma: [...]

> Ex.: Severino define a metodologia como:
>> um instrumental extremamente útil e seguro para a gestação de uma postura amadurecida frente aos problemas científicos, políticos e filosóficos que nossa educação universitária enfrenta. [...] e sem esta competência, não se concebe a compreensão do sentido político da própria formação e a significação antropológica da educação (1996, p. 18).

2.2.4 Interpolações

As interpolações, acréscimos ou comentários devem ser indicados entre colchetes [ ].

> Ex.: A razão, como consciência moral, é a vontade racional livre que não se deixa dominar pelos impulsos passionais [entre seres humanos], mas realiza as ações morais como atos corretos, ditados pela inteligência ou intelecto (CHAUÍ, 2010, p. 69).

2.2.5 Ênfases e destaques

As ênfases ou destaques devem ser apresentados na citação por meio de grifo e, após a chamada da citação, indicar entre parênteses com a expressão "grifo nosso" se for um destaque feito por você. Se o destaque já fizer parte da obra consultada usa-se a expressão "grifo do autor".

> Ex.: Segundo Assis e Kumpel, a vida social e o *funcionamento* da estrutura é fator necessário para a manutenção e continuidade da estrutura social (2009, p. 132, grifo do autor).
>
> Ou: De acordo com Assis e Kumpel, o espaço público é o local de encontro com o outro, local em que se encontram *homens livres e iguais*, portanto, no qual deve prevalecer, para alcançar a democracia, o princípio da igualdade (2009, p. 245, grifo nosso).

2.2.6 Informações verbais

Os dados obtidos por informações verbais devem vir precedidos da expressão "informação verbal" entre parênteses e de nota de rodapé indicando os dados disponíveis.

> Ex.: "A lexicografia é uma área que também pertence à Linguística Aplicada" (informação verbal)[2].

2.2.7 Trabalho em fase de elaboração

As citações de trabalhos em fase de elaboração devem vir precedidas da expressão "em fase de elaboração" entre parênteses e de nota de rodapé indicando os dados disponíveis.

---

2. Notícia fornecida pela Doutora Maria Luiza Ortiz Alvarez, coordenadora de Mestrado em Linguística Aplicada – LET/IL UnB, no seminário sobre Linguística Aplicada realizado no UniCEUB em 03 de out. de 2003.

Ex.: "O soneto *A Sombra* foi premiado duas vezes em concursos de poesia (em fase de elaboração)³.

2.2.8 Tradução

As citações que forem traduzidas pelo autor devem incluir entre parênteses, após a chamada da citação, a expressão "tradução nossa".

Ex.: "Esses sinais paralinguísticos são negados ao escritor" (BROWN; YULI, 1983, p. 38, tradução nossa).

2.3 Sistema de chamada

É função do autor informar ao leitor o que no texto é produção sua e o que é extraído de outras fontes. É para atender a essa exigência que se diz que toda e qualquer citação apresentada em um texto deve ser acompanhada de sua referência. Segundo a ABNT

> É importante observar que independentemente dos tipos de citações utilizadas pelo autor do trabalho é obrigatório remeter o leitor às obras citadas. Isso se faz por meio de um **sistema de chamada**; numérico ou autor-data (NBR 10520 apud MÜLLER; CORNELSEN, 2003, p. 37, grifo do autor).

Ressalta ainda que: qualquer que seja o método adotado, o autor deve segui-lo consistentemente ao longo de todo o trabalho.

2.3.1 Sistema autor-data

No sistema autor-data, as referências devem aparecer todas no final do texto em ordem alfabética. No corpo do texto, cada vez

---

3. *Cantos do alvorecer*, de autoria de Jorge Leite de Oliveira, a ser editado em breve.

que se faz uma citação, indica-se o sobrenome do autor, a data de publicação da obra e a página.

> Ex.: "Ensinar é mais do que simplesmente administrar um conteúdo, dividi-lo em sequências e transmiti-lo; é também preocupar-se com o outro" (GAUTHIER; TARDIF, 2010, p. 128).

2.3.2 Sistema numérico

No sistema numérico a lista de referência deve aparecer no final do trabalho, do capítulo, ou da parte seguindo ordem numérica crescente. No corpo do texto, faz-se a indicação da fonte por uma numeração única, consecutiva, em algarismo arábico remetendo à lista de referências. A indicação da numeração pode ser feita alinhada ao texto entre parênteses ou acima da linha do texto.

> Ex.: "Todos os ambientes educativos, inclusive a escola, devem assim fornecer o máximo de situações que permitam ao indivíduo expressar o que ele é, desenvolver plenamente as suas capacidades".[15]
>
> Ou: "Todos os ambientes educativos, inclusive a escola, devem assim fornecer o máximo de situações que permitam ao indivíduo expressar o que ele é, desenvolver plenamente as suas capacidades" (15).

Por determinação da ABNT o sistema numérico não deve ser usado quando há notas de rodapé (NBR 10520:2002, p. 4), ou seja, em um mesmo trabalho não se usa notas de referências e notas explicativas. É em função dessa determinação que, em geral, os autores recomendam o uso do sistema autor-data, que permite assim fazer notas explicativas ao longo do texto, sem maiores preocupações.

Finalizamos este capítulo reforçando a importância das citações em um trabalho acadêmico/científico e fazendo nossas as palavras de Cajueiro dizendo que: "as citações são feitas para que um texto seja de fato considerado científico, comprovando o embasamento no tema e servem como sustentação para se elaborar novas ideias, discussões ou até teorias" (2012, p. 58).

ATIVIDADES COMPLEMENTARES

1 Explique o que é citação e qual a sua função em uma produção textual.

2 Quais são os quatro tipos de citação definidas pela ABNT e quais as suas normas específicas de apresentação?

3 Observe atentamente as citações abaixo:

I – "Não tardou muito que Fernão Gaivota voltasse a pairar no céu, sozinho, longínquo, esfomeado, feliz, aprendendo" (BACH, 1984, p. 18).

II – BACH afirma que quando Fernão se juntou ao bando era já tarde da noite e estava imensamente cansado e tonto (1984, p. 37).

III – Em sua obra Bach nos dá uma grande lição de amor ao dizer:

> – Não compreendo como você consegue amar um punhado de pássaros que acabaram de tentar matá-lo.
>
> – Oh! Chico! Não é isso que você ama! Você não ama o ódio e o inferno, é claro. Você tem de treinar até ver a verdadeira gaivota, o que há de bom em cada uma delas e ajudá-las a ver isso nelas próprias. Para mim, o amor é isso. Quando você conseguir compreender e pôr isso em prática, até achará divertido (BACH, 1984, p. 148).

IV – "Não seja duro com eles, Francisco Gaivota. Ao expulsarem-no, as outras gaivotas só fizeram mal a si próprias, e um dia vão sabê-lo, e um dia verão o que você vê. Perdoe-lhes e ajude-as a compreender" (apud BACH, 1984, p. 113).

a) Identifique a afirmação correta e explique por quê:
( ) As afirmações I e IV estão incorretas.
( ) As afirmações II e III estão incorretas.
( ) As afirmações II e IV estão incorretas.
( ) Todas as afirmações estão incorretas.

Explicação:

b) Ainda em relação às citações, identifique a afirmação correta e explique por quê:
( ) A afirmação I é uma citação direta curta, a questão II é uma citação direta longa, a questão III é uma citação indireta e a questão IV é uma citação de citação.

( ) A afirmação I é uma citação indireta, a questão II é uma citação direta curta, a questão III é uma citação de citação e a questão IV é uma citação direta longa.

( ) A afirmação I é uma citação direta curta, a questão II é uma citação indireta, a questão III é uma citação direta longa e a questão IV é uma citação de citação.

( ) Todas as afirmações estão incorretas.

Explicação:

4 Localize no capítulo 3 do livro uma citação direta curta e uma citação direta longa e explique por que você soube identificá-las.

5 Elabore um texto sobre conhecimento científico.

Observações:

a) Para ajudar-lhe a escrever, você pode utilizar o conteúdo das palavras finais que você organizou como atividade complementar no capítulo 1, mas é importante pesquisar também outros autores.

b) O texto deve ter não mais que duas páginas e, no mínimo, uma citação indireta, uma citação direta curta, uma citação direta longa e uma citação de citação.

CAPÍTULO 3
Referências (conforme a NBR 6023:2002)

Nunca é demais frisar a importância da honestidade do pesquisador quando da elaboração da bibliografia, não sonegando dados nem extrapolando, ou seja, colocando obras que não foram consultadas.

Parra Filho

Definida pela ABNT como: "conjunto padronizado de elementos descritivos, retirados de um documento, que permite sua identificação individual" (NBR 6023:2002, p. 2), as referências são elementos essenciais e de extrema importância em todo e qualquer trabalho acadêmico. É através delas que o autor informa ao leitor as fontes que foram consultadas para a elaboração do trabalho, ou seja, é a referência que permite ao leitor tomar ciência das bases sobre as quais o trabalho foi produzido. É também a referência que dá ao leitor a segurança de que o seu trabalho tem respaldo científico e de que o que foi escrito não se trata de plágio.

A referência é um elemento que serve de identificação tanto para o escritor quanto para o leitor, para os pesquisadores e membros das bancas de avaliação. É através dela que o escritor apresenta sua familiaridade com o tema e a profundidade com a qual o mesmo foi tratado. É ela que permite ao leitor conhecer os diferentes autores que dialogam com o tema, permitindo com isso uma busca específica de conhecimento através de consulta às obras referenciadas. É também ela que serve de parâmetro para os pesquisadores e membros de bancas examinadoras no sentido de cobrarem do trabalho escrito segundo a medida do material que foi utilizado como suporte para a sua elaboração. Segundo Acevedo e Nohara

ao auxiliar os leitores na elaboração de novos trabalhos relacionados ao tema, a lista de referências bibliográficas torna-se valiosa fonte de novas pesquisas. Os pesquisadores e membros das bancas de avaliação dos trabalhos acadêmicos, como conhecedores do assunto tratado, não raras vezes, iniciam sua avaliação justamente pela lista de referências bibliográficas. Ela dá a ideia da profundidade com a qual o assunto foi tratado (2006, p. 156).

Sendo a referência um elemento de tão grande importância, é fundamental que o escritor saiba onde buscá-las, uma vez que a validade ou não de um trabalho está diretamente ligada às fontes que foram utilizadas na sua elaboração. Todo material utilizado como referência acadêmica e científica tem obrigatoriamente que ser retirado de fontes confiáveis, ou seja, deve ser um material que de alguma forma já esteja reconhecido pela comunidade científica. Para não se correr o risco de se fazer uso de materiais que não sejam confiáveis é que se dá preferência aos livros como fonte bibliográfica, embora não seja este o único caminho. Pode-se também buscar "dissertações, teses, tratados, revistas periódicas vinculadas às instituições de ensino ou de pesquisa e artigos publicados em revistas científicas catalogadas nos respectivos órgãos normatizadores e fiscalizadores" (CERVO; BERVIAN; DA SILVA, 2007, p. 132).

Sendo a referência um material de identificação, ela deve ser apresentada seguindo padrões preestabelecidos de forma que contemple sua razão de existir, permitindo que todos que a consultarem sejam capazes de fazer a identificação necessária, ou seja, consigam saber de que obra se trata e onde localizá-la. Em síntese podemos dizer que: "os objetivos de uma bibliografia são: a) Tornar reconhecível a obra a que nos referimos; b) Facilitar a sua localização; c) Demonstrar familiaridade com os usos da disciplina em que se faz a tese" (ECO, 2003, p. 163).

3.1 Regras de apresentação de referências

A NBR 6023:2002 estabelece regras gerais e específicas para apresentação de referências. As regras gerais são válidas para todos os tipos de referências enquanto que as regras específicas se destinam aos detalhes específicos de cada tipo de documento.

3.1.1 Regras gerais de apresentação de referências

- Toda referência tem que ser apresentada em uma sequência padronizada no que diz respeito aos elementos essenciais e complementares. Recomenda-se o uso apenas dos elementos essenciais; os complementares só nos casos necessários.
- Cada referência deve obedecer à sua sequência específica de elementos e de pontuação.
- As referências devem ser alinhadas à margem esquerda do texto.
- As referências devem ser digitadas em espaço simples e separadas entre si por espaço duplo.
- As referências devem ser classificadas em ordem alfabética.

(Veja exemplo de lista de referências no final deste livro.)

3.1.2 Regras específicas de apresentação de referências

3.1.2.1 Referência de livro

Quando se usa o livro todo na elaboração do trabalho, sua referência deve obrigatoriamente aparecer contendo os seguintes elementos, acompanhados de suas respectivas pontuações: autor(es). Título. Edição. Local de publicação da obra: Editora, Data de publicação da obra.

> LARAIA, Roque de Barros. **Cultura:** Um conceito antropológico. 16. ed. Rio de Janeiro: Jorge Zahar, 2002.

Quando na elaboração do trabalho não se usa o livro todo, mas apenas uma parte, um capítulo, os elementos essenciais são: autor(es). Título da parte. In: uma barra de seis espaços (_____). Título da obra. Edição. Local de publicação da obra: Editora, Data de publicação da obra. Página inicial e final da parte utilizada separadas por underline.

> LARAIA, Roque de Barros. Teorias modernas sobre cultura. In: _____. **Cultura:** Um conceito antropológico. 16. ed. Rio de Janeiro: Jorge Zahar, 2002. p. 59-64.

Se a parte do livro utilizado foi escrita por um autor e o livro foi organizado, coordenado, compilado por outro autor, no lugar da barra de seis espaços escreve-se o nome do autor responsável pela obra.

> RIBEIRO, Gustavo Lins. O que faz o Brasil, Brazil: Jogos identitários em São Francisco. In: REIS, Rossana Rocha; SALES, Teresa. **Cenas do Brasil Migrante.** São Paulo: Boitempo, 1999. p. 45-86.

3.1.2.2 Referência de publicação periódica

Entende-se por publicação periódica "publicação em qualquer tipo de suporte, editada em unidades físicas sucessivas, com designações numéricas e/ou cronológicas e destinada a ser continuada indefinidamente" (NBR 6023:2002, p. 2), nessa definição inclui-se: revistas e cadernos. Quando se faz referência da publicação como um todo, os elementos essenciais são: Título da publicação em caixa alta (letra maiúscula). Local da publicação: Editora, Numeração (ano, volume, fascículo, número), Data da publicação.

> REVISTA ANHANGUERA. Goiânia: Kelps, a. 1, jan./dez. 2000.

Quando se faz referência de uma parte (artigo, matéria) que foi publicada sobre a responsabilidade da revista, do caderno, os elementos essenciais são: Título da parte com a primeira palavra em caixa alta (letra maiúscula). Título da publicação, Local da publicação, Numeração (volume, ano, fascículo, número), Página inicial e final, Data da publicação.

> TRAPALHADAS de um indiozinho. **Ciência Hoje das crianças**, Rio de Janeiro: Instituto Ciência Hoje, a. 21, n. 187, p. 26-27, jan./fev. 2008.

Quando se faz referência de uma parte (artigo, matéria) que foi publicada sobre a responsabilidade de autor(es) específico(os) os elementos essenciais são: Autor(es). Título da parte. Título da publicação, Local da publicação, Numeração (volume, ano, fascículo, número), Página inicial e final, Data da publicação.

> GOMES, Maria Antônia; SILVA, Edna José. Karl Marx: Fazer ciência de outra maneira. **Revista Anhanguera,** Goiânia, a. 1, n. 1, p. 183-196, jan./dez. 2000.

3.1.2.3 Referência de jornal

Quando se faz referência de uma parte (editorial, reportagem, resenha etc.) que foi publicada sobre a responsabilidade do jornal os elementos essenciais são: Título da parte com a primeira palavra em caixa alta (letra maiúscula). Título do jornal, Local da publicação, Data da publicação, Numeração (seção, caderno, parte), Página inicial e final. Obs.: Quando não houver seção, caderno ou parte, a paginação precede a data.

> BRINCADEIRA de mau gosto. **Jornal Padrão**, Goiânia, Maio 2013, n. 1, p. 6.

Quando se faz referência de uma parte (editorial, reportagem, resenha etc.) que foi publicada sobre a responsabilidade de autor(es) específico(os) os elementos essenciais são: Autor(es). Título da parte, Título do jornal, Local da publicação, Data da publicação, Numeração (seção, caderno, parte), Página inicial e final. Obs.: Quando não houver seção, caderno ou parte, a paginação precede a data.

> LONGO, Malu. UFG reafirma segurança jurídica. **O Popular**, Goiânia, p. 7, 26 maio 2013.

3.1.2.4 Referência de evento

Inclui-se em eventos reuniões, congressos, seminários, simpósios. Quando se faz a referência de um evento como um todo, os elementos essenciais são: Nome do evento em caixa alta (letra maiúscula), Numeração (se houver), Ano de realização do evento, Local de realização do evento (cidade). Título do documento (anais, atas, mesa-redonda etc.). Local de publicação: Editora, Data de publicação do material.

> CONGRESSO BRASILEIRO DE SAÚDE COLETIVA, VII. 2003, Brasília. Livro de resumos. Rio de Janeiro: ABRASCO, 2003.

Quando se faz referência de um trabalho apresentado em um evento, os elementos essenciais são: Autor(es). Título do trabalho. In: Nome do evento em caixa alta (letra maiúscula), Numeração (se houver), Ano de realização do evento, Local de realização do evento (cidade). Título do documento (anais, atas, mesa-redonda etc.). Local de publicação: Editora, Data de publicação do material. Página inicial e final da parte referenciada.

DOS SANTOS, Selma Cristina. Saúde e direitos do povo Kalunga e de suas mulheres. In: **Congresso Brasileiro de Saúde Coletiva,** VII. 2003, Brasília. Livro de resumos II. Rio de Janeiro: ABRASCO, 2003. p. 94.

3.1.2.5 Referência de Material em meio eletrônico

Toda matéria em meio eletrônico deve obedecer a seus padrões específicos indicados nos itens 4.2.2.1, 4.2.2.2, 4.2.2.3 e 4.2.2.4 e a eles acrescentar a informação relativa à descrição física do meio eletrônico. Se a obra for publicada em CD-ROM acrescenta-se no final da referência a palavra CD-ROM. Se a obra for consultada online, deve-se informar o endereço eletrônico entre os sinais < > precedido da expressão Disponível em: e a data de acesso ao documento precedida da expressão Acesso em:

No que diz respeito à consulta online, a ABNT recomenda não referenciar material eletrônico de curta duração nas redes (NBR 6023:2002, p. 4).

MAGGEI, Yvonne. O feitiço da antropologia: Uma homenagem a Vivaldo Costa Lima. **Revista pós de ciências sociais.** São Luís, c. 4, n. 7, p. 17_ 22, jan/jun 2007. Disponível em: <http://www.pgcs.ufma.br/Revista%20UFMA/n7/n7 Yvonne Maggei.htm>. Acesso em: 26/11/2013.

3.1.2.6 Referência de legislação

Incluem-se em legislação, emendas constitucionais, lei complementar e ordinária, medida provisória, decretos, resoluções e normas. Os elementos essenciais são: Jurisdição ou cabeçalho da entidade. Título, Numeração, Data, Dados da publicação. No caso da constituição e suas emendas, entre a jurisdição e o título, acrescenta-se a palavra constituição e entre parêntese o ano da publicação.

> BRASIL. **Lei 9.394/1996**. Lei de Diretrizes e bases da Educação Nacional. Brasília: MEC, 1996.

Outras particularidades relacionadas a referências, não descritas neste capítulo, poderão ser esclarecidas consultando a NBR 6023:2002.

3.2 Forma de apresentação dos elementos

Com o intuito de normatizar as referências, a ABNT, através da NBR 6023:2002, estabelece regras de apresentação específicas para cada tipo de material utilizado (livro, monografia, revista, jornal, eventos, documentos jurídicos, imagens, documentos iconográficos, documentos cartográficos, documento sonoro, partitura, documento tridimensional e documento de acesso exclusivo em meio eletrônico). Tendo em vista suas especificidades exigem-se elementos essenciais obrigatórios e elementos complementares. Embora para cada material exista uma regra específica que determina os elementos obrigatórios e sua disposição gráfica, a forma de entrada destes elementos é padronizada para todos os tipos de materiais utilizados. Segue as orientações gerais de apresentação dos elementos que fazem parte das referências.

3.2.1 Autoria

Todo material utilizado como referência de estudo precisa ser apresentado com a autoria do mesmo.

3.2.1.1 Autor pessoa

A indicação da autoria deve ser feita pelo sobrenome em caixa alta (letra maiúscula) seguido dos prenomes e sobrenomes, abreviados ou não, porém seguindo sempre um mesmo padrão em uma mesma lista de referência.

> Se o nome do autor é Francisco Oliveira de Mendanha, pode-se escrever: MENDANHA, Francisco Oliveira de ou MENDANHA, F.O. ou MENDANHA, Francisco O. de.

Quando o material é produzido por uma única pessoa, indica-se a autoria pelo último sobrenome em caixa alta (letra maiúscula) seguido dos prenomes e outros sobrenomes separados por vírgula.

> Se o nome do autor é Francisco Oliveira de Mendanha, escreve-se: MENDANHA, Francisco Oliveira de.

Quando o material é produzido por até três pessoas, segue-se a mesma orientação do item anterior, separando os(as) autores(as) com ponto e vírgula.

> Se o material foi produzido por Francisco Oliveira de Mendanha, Eva Beatriz de Castro e João Frederico Oliveira Camargo, escreve-se: MENDANHA, Francisco Oliveira de; CASTRO, Eva Beatriz de; CAMARGO, João Frederico Oliveira.

Quando o material é produzido por mais de três pessoas, indica-se apenas o nome da primeira pessoa acrescido da expressão et al.

Se o material foi produzido por Francisco Oliveira de Mendanha, Eva Beatriz de Castro, João Frederico Oliveira Camargo, Amélia Bezerra e Geraldo de Albuquerque, escreve-se: MENDANHA, Francisco Oliveira de et al.

Quando o material é produzido por vários autores, é apresentado por um responsável pelo conjunto da obra; a entrada deve ser feita pelo nome do responsável seguido da indicação do tipo de responsabilidade (coordenador, organizador, editor, compilador etc.). O nome do responsável deve ser escrito em caixa alta (letra maiúscula) e a indicação do tipo de responsabilidade deve ser escrita em caixa baixa (letra minúscula), abreviado e entre parênteses.

Se o material foi produzido por Francisco Oliveira de Mendanha, Eva Beatriz de Castro, João Frederico Oliveira Camargo, Amélia Bezerra e Geraldo de Albuquerque tendo como coordenador Francisco Oliveira de Mendanha escreve-se: MENDANHA, Francisco Oliveira de (coord.).

3.2.1.2 Autor entidade

Quando o material produzido é de responsabilidade de uma entidade (órgão governamental, instituição, congresso etc.) faz-se a entrada pelo nome da entidade em caixa alta (letra maiúscula).

Se o material foi produzido pela Associação Brasileira de Normas Técnicas, escreve-se: ASSOCIAÇÃO BRASILEIRA DE NORMAS TÉCNICAS.

> Se o material foi produzido pela Universidade Federal de Goiás, escreve-se: UNIVERSIDADE FEDERAL DE GOIÁS.
>
> Se o material foi produzido pelo Ministério do Trabalho do Brasil, escreve-se: BRASIL. Ministério do Trabalho.

3.2.2 Título

Os títulos devem ser apresentados com destaque (negrito, grifo ou itálico) que devem ser uniformes em todas as referências de um mesmo documento. Isso não se aplica aos casos de documentos cujo elemento de entrada é o próprio título, que já vem com destaque de caixa alta (maiúscula), como nos exemplos do item 4.2.2.2.

> Se o título é O Valor do calar-se, escreve-se: **O Valor do calar-se.**

3.2.3 Subtítulos

Não sendo elemento obrigatório, o material pode ou não apresentar subtítulo, porém quando apresenta deve ser obrigatoriamente reproduzido na referência depois do título precedido de dois pontos e sem negrito.

> Se o título é O Valor do calar-se e o subtítulo O Silêncio tem poder de cura, escreve-se: **O Valor do calar-se:** O silêncio tem poder de cura.

3.2.4 Edição

A 2ª edição e as seguintes devem ser transcritas na referência, utilizando-se numeral ordinal seguido da palavra edição em caixa baixa (letra minúscula) e abreviada, separados por ponto-final.

Se o documento está na 26ª edição, escreve-se: 26. ed.

3.2.4.1 Edição com alterações

Quando a edição sofre alterações (revista, aumentada, atualizada, ampliada) indica-se as alterações de forma abreviada.

Se o documento está na 26ª edição aumentada, escreve-se: 26. ed. aum.

3.2.5 Local de publicação

O nome da cidade onde o material foi publicado deve ser indicado da mesma forma que aparece no documento, precedido de dois pontos. Vale ressaltar que deve ser indicado apenas o nome da cidade. O nome do Estado só deve aparecer no caso de homônimos de cidades.

Se o documento foi publicado na cidade de Petrópolis – Rio de Janeiro, escreve-se: apenas Petrópolis.

Se o documento foi publicado na cidade de Viçosa – Rio de Janeiro, escreve-se: Viçosa, RJ para separar de Viçosa em Minas Gerais e Alagoas.

Quando o nome da cidade não aparece no documento, mas é possível se saber qual é, indica-se entre colchetes. Não sendo possível identificar o local, utiliza-se a expressão Sine loco, abreviada, entre colchetes [S.l.].

3.2.6 Editora

Deve ser escrita abreviando os prenomes e suprimindo as palavras que designam a natureza jurídica ou comercial.

> Se no documento aparece Editora Atlas escreve-se: Atlas.
> Se no documento aparece Livraria José Olympio Editora escreve-se: J. Olympio.

3.2.6.1 Mais de uma editora

Quando o documento é publicado por mais de uma editora, indicam-se os nomes das editoras com seus lugares de publicação separados por ponto e vírgula.

> Se o documento foi publicado pelas editoras Atlas e Livraria José Olympio Editora escreve-se: São Paulo: Atlas; Rio de Janeiro: J. Olympio.

Quando a editora não pode ser identificada utiliza-se a expressão Sine nomine abreviada, entre colchetes [S.n.].

3.2.7 Data de publicação da obra

A data deve ser indicada através de algarismos arábicos quando se trata de ano; abreviando as palavras quando se trata de mês, semestre ou trimestre e da forma que vier no documento quando se trata de estações do ano.

> Se no documento a data de publicação for 2007, escreve-se: 2007.
> Se no documento a data de publicação for janeiro de 2007, escreve-se: jan. 2007.
> Se no documento a data de publicação for janeiro a março de 2007, escreve-se: jan./mar. 2007.

Se no documento a data de publicação for segundo semestre de 2007, escreve-se: 2. Sem. 2007.

Se no documento a data de publicação for primavera de 2007, escreve-se: primavera 2007.

ATIVIDADES COMPLEMENTARES

O livro **Fernão Capelo Gaivota** de Richard Bach é uma obra encantadora, produzida na década de 70 do século XX. Já foi traduzido para várias línguas e é hoje conhecido mundialmente por sua riqueza de detalhes e capacidade de estimular a reflexão. Na simplicidade da escrita, pode ser destinado tanto para adultos quanto para crianças. Tenho um exemplar desta obra que carrego comigo desde a adolescência e não me canso de retornar a ele sempre que a vida pede um tempo para reflexão. Esse meu exemplar é a 2ª edição publicada no Brasil, em 1985, pela editora Nórdica do Rio de Janeiro.

Com muita atenção, observe as informações fornecidas anteriormente e leia cada questão antes de responder.

1 Ao longo da vida acadêmica muito se ouve dos professores que todo trabalho acadêmico tem que ter referência. Explique por que é necessário informar as referências utilizadas em todo trabalho acadêmico.

2 Toda referência de livro deve conter obrigatoriamente os seguintes elementos: Autor. Nome da obra. Edição. Local de publicação: Editora, Data da publicação da obra. Sabendo disso, faça a referência do livro Fernão Capelo Gaivota citado acima.

3 Agora faça a referência apenas da segunda parte da obra citada acima, que começa na página 69 e termina na 116, e que tem como título: então o paraíso é isso.

4 Segundo a ABNT, para cada tipo de material utilizado na elaboração de um trabalho acadêmico existe uma regra específica para apresentação da referência. Assim sendo, quais os elementos obrigatórios para se fazer referência de:

a) Legislação;

b) Material retirado da internet;

c) Livro;

d) Parte de livro;

e) De artigo retirado de revista.

5 Observe atentamente as referências abaixo

I – MARTINS, Georgina da Costa. Seres encantados que desembarcaram no Brasil. **Ciência hoje das crianças.** a. 13, n. 106, p. 16-19, set. 2000.

II – BACH, Richard. Fernão Capelo Gaivota. 2. ed. Rio de Janeiro: Nórdica, 1985.

III – BACH, Richard. Era de manhã. In: _____. **Fernão Capelo Gaivota.** 2. ed. Rio de Janeiro: Nórdica, 1985. p. 13-66.

IV – AVILLA, Leonardo S. Parceiros da natureza. **Ciência hoje das crianças.** a. 13 n. 106 p. 16-19 set. 2000.

a) **Identifique a afirmação correta e explique por quê:**

( ) As afirmações I e IV estão incorretas.

( ) As afirmações II e III estão incorretas.

( ) As afirmações II e IV estão incorretas.

( ) Todas as afirmações estão incorretas.

Explicação:

b) **ainda em relação às referências apresentadas, identifique a afirmação correta e explique por quê:**

( ) A primeira referência é de livro; a segunda referência é de artigo de revista; a terceira referência é de parte de livro e a quarta referência é de legislação.

( ) A primeira referência é de revista; a segunda referência é de livro; a terceira referência é de parte de livro e a quarta referência é de revista.

( ) A primeira referência é de revista; a segunda referência é de artigo de revista; a terceira referência é de parte de livro e a quarta referência é de livro.

( ) Todas as afirmações estão incorretas.

6 Faça a referência da nossa atual constituição brasileira.

7 Observe a referência abaixo:

DOS SANTOS, Selma Cristina. Educação: De quem? Para quem? Para quê? **Revista Brasileira de Educação**, São Paulo, v. II, n. 19, p. 187-213, 2. Sem 2013. Disponível em: <HTTP://WWW. Revista Brasileira de Educacao/artigoeducacao>. Acesso em: 18 de agosto de 2014.

a) Essa referência é de que tipo de material?

b) Se essa matéria tivesse sido publicada no jornal Folha de S. Paulo, na mesma data de acesso acima citada, no caderno de educação, p. 19-26 como ficaria a referência bibliográfica?

c) Sabendo que a Revista Brasileira de Educação é publicada pela editora Nacional, faça a **referência da revista** de onde o artigo acima foi publicado.

PARTE 2
Tipos de trabalhos acadêmicos

A vida acadêmica é marcada por etapas que vão, como que em degraus, preparando o aluno para que, ao final do curso, ele esteja em condições de produzir um material científico de peso. A produção desse material se faz necessária por exigência do MEC e também, sobretudo, para que o aluno sedimente de forma sistematizada os frutos dos conhecimentos que foram adquiridos ao longo do curso. É determinação do MEC que o aluno faça, ao final do curso, um trabalho científico como requisito para a obtenção do título almejado, porém deixa a critério das instituições normatizarem o tipo de trabalho. Dessa forma, as instituições podem exigir como trabalho de conclusão de curso (TCC): monografia, artigo, projeto de pesquisa ou relatório.

Como meio de irem preparando o aluno para essa etapa final, os professores vão, ao longo do curso, solicitando trabalhos que servem como forma de avaliar o desempenho dos alunos e, de pouco a pouco, irem inserindo-os no mundo da produção de conhecimento. Os trabalhos mais solicitados ao longo da graduação são: fichamento, resumo, resenha e produção de texto, que podem ser chamados de trabalho disciplinar e/ou interdiciplinar. Todos esses trabalhos, por mais simples que pareçam suas estruturas, se forem solicitados como material avaliativo para uma determinada disciplina, devem ser produzidos considerando as normas estabelecidas pela ABNT ou pelo professor responsável.

Segue abaixo um quadro com os diferentes tipos de trabalhos acadêmicos e seus elementos obrigatórios e opcionais.

Quadro 1 – Relação dos tipos de trabalhos acadêmicos com seus respectivos elementos

Trabalho disciplinar	Projeto de pesquisa NBR 15287:2011	Monografia NBR 14724:2011	Artigo NBR 6022:2003
Parte externa Capa (ob.) Parte interna Elementos Pré--textuais Folha de rosto (ob.) Sumário (op.) Elementos Textuais Conforme exigência do professor Elementos Pós--textuais Referências (ob.) Apêndice (op.) Anexo (op.)	Parte externa Capa (op.) Lombada (op.) Parte interna Elementos Pré--textuais Folha de rosto (ob.) Listas (op.) Sumário (ob.) Elementos Textuais Tema (ob.) Problema (ob.) Hipótese(s) (ob.) Objetivos (ob.) Justificativa (ob.) Referencial teórico (ob.) Metodologia (ob.) Recursos (ob.) Cronograma (ob.) Elementos Pós--textuais Referências (ob.) Glossário (op.) Apêndice (op.) Anexo (op.) Índice (op.)	Parte externa Capa (ob.) Lombada (op.) Parte interna Elementos Pré--textuais Folha de rosto (ob.) Errata (op.) Folha de aprovação (ob.) Dedicatória (op.) Agradecimentos (op.) Epígrafe (op.) Resumo na língua vernácula (ob.) Resumo na língua estrangeira (ob.) Listas (op.) Sumário (ob.) Elementos Textuais Introdução (ob.) Desenvolvimento (ob.) Conclusão (ob.) Elementos Pós--textuais Referências (ob.) Glossário (op.) Apêndice (op.) Anexo (op.) Índice (op.)	Elementos Pré--textuais Título na língua do texto (ob.) Subtítulo (se houver) na língua do texto (op.) Nome(s) do(s) autor(es) (ob.) Resumo na língua do texto (ob.) Palavras-chave na língua do texto (ob.) Elementos Textuais Introdução (ob.) Desenvolvimento (ob.) Conclusão (ob.) Elementos Pós--textuais Título em língua estrangeira (ob.) Subtítulo (se houver) em língua estrangeira (op.) Resumo em língua estrangeira (ob.) Palavras-chave em língua estrangeira (ob.) Nota(s) explicativa(s) (op.) Referências (ob.) Glossário (op.) Apêndice(s) (op.) Anexo(s) (op.)

CAPÍTULO 4
Trabalho disciplinar e/ou interdisciplinar

> *Se queremos resistir aos poderes que ameaçam suprimir a liberdade intelectual e individual, devemos conservar bem nítido diante de nós o que está em jogo e o que devemos àquela liberdade que nossos antepassados conquistaram para nós depois de árduas lutas.*
> Albert Einstein

Os trabalhos desenvolvidos ao longo da vida acadêmica, como requisitos para obtenção de nota parcial das diferentes disciplinas, podem e devem ser apresentados de forma mais simplificada no que diz respeito aos elementos pré e pós-textuais. Devem ser elaborados seguindo regras específicas e/ou a orientação do professor responsável. As normas estabelecidas para trabalho disciplinar estão relacionadas aos seus elementos textuais e variam conforme o tipo de trabalho. Para a elaboração de resumo e resenha deve-se seguir a NBR 6028:2003 (veja exemplos no capítulo 1 deste livro). Para fichamento e produção textual deve-se seguir as orientações específicas do professor.

Qualquer que seja a orientação para o trabalho disciplinar, a capa e os elementos pré e pós-textuais devem seguir o mesmo padrão estabelecido pela NBR 14724:2011. Como elemento pré-textual os trabalhos disciplinares devem ser elaborados apresentando: folha de rosto e, em alguns casos, o sumário; e como elemento pós-textual: as referências e, em alguns casos, apêndice e anexo. Embora estes trabalhos possam ser elaborados de forma mais simplificada, todos os elementos apresentados devem seguir rigorosamente as normas estabelecidas.

Apresentaremos a seguir os elementos que têm uma estrutura uniforme e que devem ser utilizados em todos os tipos de trabalhos acadêmicos.

Quadro 2: Relação dos elementos que compõem um trabalho disciplinar e/ou interdisciplinar

Elementos pré-textuais	Elementos textuais	Elementos pós-textuais
Folha de rosto (obrigatório) Sumário (opcional)	Introdução (obrigatório) Desenvolvimento (obrigatório) Conclusão (obrigatório)	Referências (obrigatório) Apêndice (opcional) Anexo (opcional)

4.1 Regras de apresentação de trabalho disciplinar e/ou interdisciplinar

Independentemente do tipo de trabalho estabelecido pelo(s) professor(es) da(s) disciplina(s), todos eles devem seguir as orientações abaixo:

➢ As referências devem ser apresentadas conforme NBR 6023 (veja orientações e modelos no capítulo 3 deste livro);

➢ As citações devem ser apresentadas conforme NBR 10520 (veja orientações e modelos no capítulo 2 deste livro);

➢ O texto deve ser digitado em fonte tamanho 12 e as citações diretas longas, legendas de figuras e notas de rodapé em fonte tamanho 10;

➢ O trabalho deve ser impresso com tinta de cor preta;

➢ Tendo em vista a preocupação com o meio ambiente, o papel utilizado deve ser no formato A4 branco ou reciclado;

➢ Ainda ligado às questões ambientais, recomenda-se que a impressão dos elementos textuais e pós-textuais seja feita em anverso e verso das folhas;

- As páginas devem ser contadas a partir dos elementos pré-textuais, porém devem ser enumeradas a partir da primeira folha do elemento textual, no canto superior direito da folha;
- O texto deve ser digitado respeitando as medidas de 3cm para as margens superior e esquerda e de 2cm para inferior e direita;
- O tipo de letra deve ser arial ou times new roman;
- O espaçamento entre linhas deve ser de 1,5cm, exceto para as referências, notas de rodapé, legendas e natureza do trabalho que devem ter espaçamento simples;
- Os títulos devem ser separados do texto que os precede e que os sucede por um espaço entre linhas de 1,5cm;
- Os títulos com indicativos numéricos devem ser alinhados à esquerda e separados do seu título por um espaço de caractere;
- Os títulos que ocupam mais de uma linha devem ser alinhados abaixo da primeira letra da primeira palavra do título;
- Os títulos sem indicativo numérico devem ser centralizados.

4.2 Estrutura do trabalho disciplinar

4.2.1 Capa

É elemento obrigatório. Deve conter as seguintes informações: nome da instituição, nome do autor(a), título, subtítulo, número do volume, local, ano da entrega. Segundo a NBR 14724:2011, essas informações devem ser dispostas seguindo a ordem apresentada. Algumas instituições padronizam tamanho de fonte diferenciada para cada um dos elementos da capa, a NBR no item 5.1, no entanto, recomenda que todos os elementos da capa sejam apresentados com a fonte tamanho 12. Seguindo essa recomendação, os destaques dos elementos ficam por conta do negrito e da caixa alta (maiúsculo).

Nome da instituição → é elemento opcional, considerando que um trabalho pode ser redigido para outros fins que não institucionais.

Nome do autor(a) → é elemento obrigatório. Algumas instituições definem que quando um trabalho for elaborado por um grupo de pessoas os nomes devem figurar apenas na folha de rosto, porém isso não é determinação da ABNT.

Título → é elemento obrigatório, deve ser claro e preciso, permitindo ao leitor a identificação da informação que se pretende passar no trabalho.

Subtítulo → não é elemento obrigatório, se decidir por apresentar, deve ficar clara a sua subordinação ao título e ser precedido de dois pontos.

Número do volume → só deve aparecer se um mesmo trabalho for composto por mais de um volume.

Local → é elemento obrigatório, nome da cidade onde o trabalho será apresentado. O nome do estado só deve ser acrescentado nos casos de cidades homônimas.

Ano da entrega → é elemento obrigatório.

Figura 1 – Modelo de capa

3cm

FACULDADE BRASIL
CURSO DE ECONOMIA

Pedro Paulo de Niz
Clara Patrícia Ferraz
Angela Correia Alcântara
Debora Oliveira Silva

3cm

2cm

O MODELO ECONÔMICO VIGENTE:
Encontros e desencontros

Goiânia
2013

2cm

4.2.2 Folha de rosto

É elemento obrigatório. Deve conter as seguintes informações: nome do autor(a), título, subtítulo, número do volume, natureza do trabalho, nome do orientador, local e ano de entrega. Assim como a capa, as informações devem ser dispostas seguindo a ordem apresentada e com tamanho de fonte 12. O nome do autor(a), título, subtítulo, número do volume, local e ano de entrega seguem as mesmas orientações da capa.

Natureza do trabalho → local onde se especifica o tipo do trabalho (monografia, artigo, projeto, resenha, resumo, fichamento, trabalho interdisciplinar), o objetivo (aprovação em disciplina, graduação, mestrado, doutorado, seleção de bolsa...), a que instituição é encaminhado (quando o trabalho for solicitado para atender a uma disciplina específica pode-se indicar aqui o curso, a disciplina e/ou a turma a que o aluno pertence).

Nome do(a) professor(a) orientador(a) → deve ser apresentado duas linhas abaixo da natureza do trabalho.

Figura 2 – Modelo de folha de rosto

 3cm

Pedro Paulo de Niz
Clara Patrícia Ferraz
Angela Correia Alcântara
Debora Oliveira Silva

3cm

O MODELO ECONÔMICO VIGENTE:
Encontros e desencontros

2cm

Trabalho apresentado como um dos requisitos para obtenção de nota parcial de N2 na disciplina de introdução à economia da turma A1/EC3.

Prof.ª Ma. Sebastiana Francisca Oliveira
(Orientadora)

Goiânia
2013

 2cm

4.2.3 Sumário

Local onde se relaciona as divisões, seções e partes do trabalho seguindo a mesma ordem e estrutura de escrita que aparece ao longo do texto. Em um trabalho disciplinar, o sumário é elemento opcional, tendo em vista o fato de que pode se tratar de um simples resumo indicativo, um fichamento, breves apreciações acerca de determinado assunto, dessa forma, se a escrita do texto não apresentar subdivisões, não se faz sumário. No caso de se fazer, deve ser elaborado conforme a NBR 6027:2003, seguindo os critérios:

⇒ Deve ser o último elemento pré-textual;

⇒ A palavra sumário deve ser redigida na primeira linha do texto, em fonte tamanho 12, negrito, centralizado e em caixa alta (maiúscula);

⇒ O conteúdo do sumário deve distanciar-se do título o equivalente a uma linha em branco.

⇒ Deve iniciar com o primeiro elemento textual. Os elementos pré-textuais não devem ser descritos no sumário;

⇒ Todas as divisões, seções e partes do trabalho devem ser relacionadas;

⇒ Todos os elementos relacionados no sumário devem ser alinhados à esquerda;

⇒ Todos os elementos devem ser relacionados no sumário exatamente da mesma forma que estiver no texto;

⇒ A paginação deve ser feita apresentando o número da primeira página do elemento descrito.

Figura 3 – Modelo de sumário

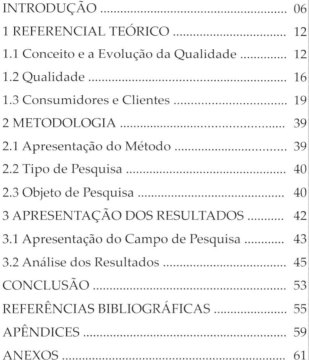

SUMÁRIO

INTRODUÇÃO 06
1 REFERENCIAL TEÓRICO 12
1.1 Conceito e a Evolução da Qualidade 12
1.2 Qualidade 16
1.3 Consumidores e Clientes 19
2 METODOLOGIA 39
2.1 Apresentação do Método 39
2.2 Tipo de Pesquisa 40
2.3 Objeto de Pesquisa 40
3 APRESENTAÇÃO DOS RESULTADOS 42
3.1 Apresentação do Campo de Pesquisa 43
3.2 Análise dos Resultados 45
CONCLUSÃO 53
REFERÊNCIAS BIBLIOGRÁFICAS 55
APÊNDICES 59
ANEXOS 61

4.2.4 Referências

É elemento obrigatório. Deve-se escrever a palavra referências na primeira linha da página, em caixa alta (maiúscula), fonte tamanho 12, negrito, centralizado. O conteúdo da referência deve distanciar-se do título o equivalente a uma linha em branco.

As referências devem ser apresentadas conforme a NBR 6023. Veja orientações no capítulo 3 deste livro.

Figura 4 – Modelo de referência

 3cm

REFERÊNCIAS

ACEVEDO, Claudia Rosa; NOHARA, Jouliana Jordan. **Monografia no curso de administração**. 2. ed. ampl. e rev. São Paulo: Atlas, 2006.

ASSOCIAÇAO BRASILEIRA DE NORMAS TÉCNICAS. **NBR 6022**. Informações e documentação – Artigo em publicação periódica científica impressa – apresentação. Rio de Janeiro: ABNT, 2003a.

_____. **NBR 6023**. Informação e documentação – Referência – apresentação. Rio de Janeiro: ABNT, 2002a.

CERVO, Amado Luiz; BERVIAN, Pedro Alcino; DA SILVA, Roberto da. **Metodologia científica**. 6. ed. São Paulo: Pearson Prentice Hall, 2007.

DEMO, Pedro. **Metodologia científica em ciências sociais**. 2. ed. rev. e ampl. São Paulo: Atlas, 1989.

ECO, Umberto. **Como se faz uma tese**. 18. ed. São Paulo: Perspectiva, 2003.

RUDIO, Franz Victor. **Introdução ao projeto de pesquisa científica**. 33. ed. Petrópolis: Vozes, 1986.

SALOMON, Delcio Vieira. **Como fazer uma monografia**. São Paulo: Martins Fontes, 1973.

 3cm

 2cm

⇧ 2cm

- 71 -

4.2.5 Apêndice

É elemento opcional. É o local onde se insere o material (texto, documento, tabela, foto, gravura, ilustração, gráfico...) <u>elaborado pelo autor</u> que auxilia na compreensão do que está sendo dito, mas que não fica bem dentro da estrutura do texto. Deve-se escrever a palavra apêndice na primeira linha da página, em caixa alta (maiúscula), fonte tamanho 12, negrito, centralizado. Os apêndices devem ser identificados por letras maiúsculas consecutivas, travessão e o título. O conteúdo do apêndice deve distanciar-se do título o equivalente a uma linha em branco.

Figura 5 – Modelo de apêndice

3cm

APÊNDICE A - Quantidade de habitantes por microárea

Microárea	Quantidade	Percentual (%)
1	579	11,25
2	487	9,46
3	442	8,59
4	468	9,09
5	529	10,28
6	498	9,67
7	438	8,51
8	408	7,93
9	438	8,51
11	261	5,07
12	250	4,86
14	350	6,80
SOMA	5148	100

Fonte: Pesquisa de campo

3cm

2cm

2cm

4.2.6 Anexo

É elemento opcional. É o local onde se insere o material (texto, documento, tabela, foto, gravura, ilustração, gráfico...) <u>coletado – não elaborado – pelo autor</u> que auxilia na compreensão do que está sendo dito, mas que não fica bem dentro da estrutura do texto. Deve-se escrever a palavra anexo na primeira linha da página, em caixa alta (maiúscula), fonte tamanho 12, negrito, centralizado. Os anexos devem ser identificados por letras maiúsculas consecutivas, travessão e o título. O conteúdo do anexo deve distanciar-se do título o equivalente a uma linha em branco.

Figura 6 – Modelo de anexo

ANEXO A - Mapa da cidade de Tiros em 1985

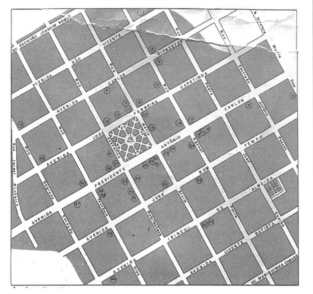

Fonte: Instituto de Geociências Aplicadas (IGA).

ATIVIDADES COMPLEMENTARES

1. Seguindo as orientações específicas deste capítulo, faça no Word um modelo de: Capa, Folha de rosto, Sumário, Referência, Apêndice e Anexo.

Obs.: Estes modelos devem ser arquivados para uso constante em todas as disciplinas e ao longo de todo o período de estudo.

CAPÍTULO 5
Projeto de pesquisa (conforme NBR 15287:2011)

> *Considera-se o projeto de pesquisa como um ponto de partida e elemento fundamental em todo e qualquer processo de pesquisa científica. Pode ainda ser entendido como guia, um condutor que indicará os caminhos a serem percorridos pelo pesquisador em cada uma das etapas do processo de investigação.*
>
> Michaliszyn

Toda pesquisa científica se desenvolve seguindo etapas distintas de elaboração, execução e apresentação dos resultados, onde cada uma dessas etapas tem suas características específicas, mas todas elas têm sua importância no processo. A ABNT apresenta o Projeto de Pesquisa como uma das fases da pesquisa onde se faz a descrição da estrutura de um empreendimento a ser realizado (NBR 15287:2011). Assim sendo, o Projeto não é a pesquisa, mas a intenção de executá-la de forma sistemática e não repetitiva. Silva e Silveira apresentam o Projeto de Pesquisa como um "mapa" do que se vai estudar (2007, p. 168). Cajueiro define como "trabalho que apresenta um planejamento de uma pesquisa que se pretende fazer" (2012, p. 35). Para Gonçalves é um roteiro que deve ser seguido durante a execução da pesquisa (2003, p. 14).

Embora não haja consenso no que diz respeito a um conceito, todo Projeto é elaborado tendo em vista uma ação posterior. E é exatamente por ter essa característica que todo Projeto de Pesquisa deve ser desenvolvido no tempo verbal futuro e numa linguagem impessoal.

Em grande parte das instituições acadêmicas o Trabalho de Conclusão de Curso (TCC) é desenvolvido em duas etapas, no penúltimo semestre se faz o Projeto de Pesquisa e no último semestre a monografia ou artigo. Isso faz com que o aluno, por gosto ou por necessidade, gradativamente vá se inserindo no mundo da ciência e, com certa frequência, no universo da pesquisa científica. Nesse contexto, podemos afirmar que o projeto de pesquisa tem como função básica orientar e direcionar o graduando no processo de execução de tarefas e/ou pesquisas, estudo de referencial teórico, pesquisa de campo e por fim redação do trabalho final.

O Projeto de Pesquisa pode também ser elaborado para atender às exigências dos processos de seleção de mestrado e doutorado, tendo por finalidade apresentar aos membros da comissão responsável pelo processo o tema de interesse do candidato, como ele pretende encaminhar seus estudos e qual a sua familiaridade com o tema proposto. Hübner (1998) aponta como principal função do Projeto de Pesquisa para mestrado e doutorado: "esclarecer ao leitor o objetivo principal do trabalho e o caminho (método) para se atingi-lo, fornecendo-lhe todos os elementos [...] para que ele julgue a importância, pertinência e suficiência do trabalho" (apud GONÇALVES, 2003, p. 14).

O Projeto de Pesquisa pode ainda ser um dos requisitos necessários para a solicitação de bolsa de estudo e/ou pesquisa junto a agências de apoio financeiro com CAPES, CNPq e outros. Ou ainda para liberação de recursos públicos para órgãos e/ou entidades que se interessam em desenvolver projetos em determinados setores da vida social (recentemente as escolas públicas estaduais de Goiás puderam concorrer a recursos para desenvolvimento de projeto na área de preservação de mananciais, e o requisito básico foi a elaboração de um Projeto de Pesquisa que fizesse entender a importância e a viabilidade do trabalho proposto).

Seja para que destino for, ao se elaborar um Projeto de Pesquisa é necessário que o mesmo faça entender ao leitor o que se pretende. Embora o projeto tenha como característica a simplicidade na escrita (o que não é sinônimo de vulgaridade) e a transmissão de informações de forma sucinta, direta e objetiva, todo projeto tem que falar por si só.

Ao elaborar um projeto, o autor deve atentar para o fato de que aquele a quem o mesmo se dirige deve, no que diz respeito ao estudo, perceber claramente a aptidão do autor para a pesquisa, o domínio do conteúdo, o que se quer, o que o motivou, como se pensa em realizar, qual a metodologia a ser empregada, a distribuição do tempo e dos recursos, a viabilidade do mesmo dentro do proposto e em alguns casos (para seleção de doutorado) a originalidade e o ineditismo.

Antes da elaboração propriamente dita do projeto, é necessário que o autor faça o que alguns autores vão chamar de pesquisa exploratória do tema (MICHALISZYN, TOMASINI, 2009) e outros de estudos preliminares (MARCONI; LAKATOS, 2003). Indiferentemente da nomenclatura, deve-se procurar conhecer o que já existe de produção científica sobre. Essa etapa que antecede à elaboração do Projeto de Pesquisa é de fundamental importância para não incorrer no risco de propor um estudo que se torne inviável ou por já ter estudos desenvolvidos sobre e que não seja de conhecimento do autor, ou por pensar um estudo que não seja possível no momento para o tempo e os recursos disponíveis tendo em vista a não disponibilidade de referencial teórico. É com base nessa preocupação que Lück (2003) afirma que "elaborar um projeto significa mergulhar num processo de maturação de ideia, do qual se fazem presentes e são elementos indispensáveis a observação, a análise, a comparação, a reflexão e a sistematização" (apud MICHALISZYN, TOMASINI, 2009, p. 110).

O Projeto de Pesquisa, assim como todo trabalho científico, deve ser elaborado se atentando para os aspectos normativos e tipográficos que podem variar de uma instituição para outra, mas que em geral seguem normas definidas pela ABNT através da NBR 15287:2011.

5.1 Regras de apresentação do projeto de pesquisa

As regras de apresentação do projeto de pesquisa não diferem das regras gerais de apresentação de trabalhos acadêmicos.

➤ As referências devem ser apresentadas conforme NBR 6023 (veja orientações e modelos no capítulo 3 deste livro);

➤ Citações. De acordo com o item 5.5 da NBR 15287:2011, as citações devem ser apresentadas conforme NBR 10520 (veja orientações e modelos no capítulo 2 deste livro); de acordo com o item 5.2 da NBR 15287:2011, as citações diretas longas devem ser digitadas em espaço simples, o que não é determinação da NBR 10520. Assim sendo, a lei que normatiza o projeto de pesquisa dá abertura para que as citações diretas longas sejam digitadas em espaço simples (se seguir a orientação do item 5.2) ou espaço 1,5 (se seguir a orientação do item 5.5). Nossa orientação é que se use o espaço 1,5, pois isso facilita a formatação do trabalho e garante uma melhor estética.

➤ O texto deve ser digitado em fonte tamanho 12 e as citações diretas longas, legendas de figuras e notas de rodapé em fonte tamanho 10;

➤ O trabalho deve ser impresso com tinta de cor preta;

➤ Tendo em vista a preocupação com o meio ambiente, o papel utilizado deve ser no formato A4 branco ou reciclado;

➤ A impressão dos elementos textuais e pós-textuais deve ser em anverso e verso das folhas;

➤ As páginas devem ser contadas a partir dos elementos pré-textuais, porém devem ser enumeradas a partir da primeira folha do elemento textual, no canto superior direito da folha;

➤ O texto deve ser digitado respeitando as medidas de 3cm para as margens superior e esquerda e de 2cm para inferior e direita;

➤ O tipo de letra deve ser arial ou times new roman;

➤ O espaçamento entre linhas deve ser de 1,5, exceto para as referências, notas de rodapé, legendas e natureza do trabalho que devem ter espaçamento simples;

➢ Os títulos devem ser separados do texto que os precede e que os sucede por um espaço entre linhas de 1,5;
➢ Os títulos com indicativos numéricos devem ser alinhados à esquerda e separados do seu título por um espaço de caractere;
➢ Os títulos que ocupam mais de uma linha devem ser alinhados abaixo da primeira letra da primeira palavra do título;
➢ Os títulos sem indicativo numérico devem ser centralizados.

Vale ressaltar que, sendo o protejo de pesquisa redigido de forma sucinta, direta e objetiva, os elementos textuais e pós-textuais devem ser apresentados sem quebra de página, ou seja, um após o outro, sendo separados apenas por um espaço de 1,5.

5.2 Estrutura do projeto de pesquisa

O projeto de pesquisa é dividido em duas partes: externa e interna. A parte externa é composta pela capa e pela lombada, sendo ambas elementos opcionais. A parte interna, por sua vez, divide-se em três partes, e cada uma delas se subdivide, contendo elementos obrigatórios e opcionais, como pode ser visto a seguir:

Quadro 3: Relação dos elementos que compõem um projeto de pesquisa

Elementos pré-textuais	Elementos textuais	Elementos pós-textuais
Folha de rosto (obrigatório) Listas (opcional) Sumário (obrigatório)	Tema (obrigatório) Problema (obrigatório) Hipótese(s) (obrigatório) Objetivo(s) (obrigatório) Justificativa(s) (obrigatório) Referencial teórico (obrigatório) Metodologia (obrigatório) Recursos (obrigatório) Cronograma (obrigatório)	Referências (obrigatório) Apêndice (opcional) Anexo (opcional) Índice (opcional)

A capa, a folha de rosto, o sumário, as referências, o apêndice e o anexo seguem a mesma estrutura de apresentação de trabalho disciplinar, conforme modelos no capítulo 4 deste livro. Ressaltando que no projeto de pesquisa a capa é elemento opcional e o sumário é elemento obrigatório. Os demais elementos devem ser elaborados seguindo os seguintes critérios:

5.2.1 Tema

Elemento de fundamental importância em um projeto de pesquisa. É a partir do tema que se define o que será estudado. Portanto, a escolha do tema deve ser feita de uma forma cuidadosa e criteriosa. Tendo em vista o fato de que o projeto de pesquisa é elaborado para ser posteriormente desenvolvido, o autor/pesquisador deve atentar a aspectos como:

- *Escolher um assunto que seja de seu interesse pessoal*, pois desenvolver projeto não é tarefa fácil, e se não houver uma identificação com o que se estuda (empatia), essa tarefa se torna ainda mais árdua. Um dos cuidados que se deve tomar é não cair nas "ciladas" dos professores orientadores, que tendem a induzir o aluno a escolher temas que sejam de seus interesses de pesquisador, e não do próprio aluno.

- *Ver a pertinência do tema para áreas afins*. Ao escolher um tema é necessário observar se é uma questão relevante, se de alguma forma irá contribuir/acrescentar à ciência. Se ainda não existe resultados sobre o que se está propondo estudar.

- *Analisar a viabilidade de desenvolver o projeto*, com o tempo, a competência, a infraestrutura e os recursos disponíveis no momento. De nada adianta escolher um tema que seja de fundamental importância para a ciência, mas que não seja adequado ao seu nível de conhecimento, à sua realidade financeira, ao seu tempo, às condições físicas que você tem disponível para executá-lo.

- *Saber o que se tem de material bibliográfico* acessível para estudo/pesquisa. Escolher um tema novo, que careça de estudos científicos pode se tornar um problema, assim como se não existir ainda material bibliográfico na língua portuguesa e você não tiver o domínio de outra língua.
- *Escolher um tema que posteriormente seja um acréscimo ao currículo.* É importante ter em mente que o desenvolver de um projeto de pesquisa deve servir posteriormente como uma "carta na manga" no momento em que você for para o mercado de trabalho ou quando for pleitear um espaço dentro do universo acadêmico/científico. Ao estudar um tema, você pode com segurança falar que desse assunto você entende, que nessa área você pode atuar.

Tendo definido o tema, deve-se passar para a delimitação do mesmo, ou seja, deve-se fazer o recorte do que se pretende aprofundar estabelecendo os limites conceituais e temporais. É mais produtivo delimitar um único aspecto e a ele se dedicar com profundidade do que deixar um tema aberto demais e ficar na superficialidade. Em se tratando de trabalho científico, deve-se dar mais atenção ao aprofundamento do que à extensão.

É importante ressaltar a diferença de tema e título do trabalho. Enquanto o tema é o assunto que se pretende estudar e a sua escolha deve ser o primeiro passo na elaboração de um projeto, o título deve ser pensado depois que o projeto estiver pronto, uma vez que ele deve espelhar e ser "o cartão postal" do projeto, no sentido de se fazer entender o que se pretende. Para Marcos e Maria Costa, "o título deve refletir a pesquisa como um todo. Deve ser claro, preciso, e se possível deve informar exatamente a natureza da pesquisa" (2013, p. 22).

- A escolha do tema deve ser norteada pela pergunta – O que quero pesquisar?

5.2.2 Problema

O problema é, no projeto de pesquisa, o local onde se informa ao leitor, de maneira clara, a dificuldade específica que o tema apresenta e que se pretende resolver com a pesquisa. Assim sendo, o problema funciona como um norteador da pesquisa, pois a direção que se dá aos estudos depende do que se levantou de questão no problema. Diretamente ligado ao tema, o problema deve ser elaborado sempre em forma de pergunta e levando-se em conta os aspectos anteriormente apresentados referentes ao tema.

Ao falar da formulação do problema como exigência imprescindível e condição fundamental para as etapas seguintes do projeto, Rudio afirma que "sem uma formulação bem-feita do problema, não se sabe que solução se procura e, consequentemente, é impossível encontrá-la" (2010, p. 94) e como que parafraseando Rudio, Marco e Maria Costa afirmam que: "não são os resultados de pesquisas que alavancam a ciência, mas sim as perguntas formuladas para o desenvolvimento das pesquisas" (2013, p. 28).

- A elaboração do problema deve ser norteada pelo detalhamento da pergunta – O que quero pesquisar?

5.2.3 Hipótese(s)

É uma resposta provisória da pergunta formulada no problema e que ao longo da pesquisa poderá ser refutada ou confirmada. Dessa forma, a hipótese serve de guia para a direção da pesquisa uma vez que os estudos se farão no sentido de procurar a validade das explicações. Embora a hipótese seja uma suposição, ela precisa ser elaborada a partir de sustentações teóricas e/ou de matérias-primas que garantam plausividade, consistência, especificidade, verificabilidade. Como todos os demais itens do projeto, a hipótese deve ser elaborada de forma direta e objetiva, com clareza de escrita fornecendo explicação do problema.

- A redação da hipótese deve ser norteada pela preocupação em responder de forma coerente à pergunta elaborada no problema.

5.2.4 Objetivo(s)

Lugar onde se indica o que o autor pretende alcançar, como pretende caminhar para chegar ao resultado desejado, os propósitos e as metas da pesquisa. Ao definir os objetivos, o pesquisador deve ter o cuidado de indicar objetivos que sejam possíveis de se atingir dentro do tempo e com os recursos disponíveis. Os objetivos se desdobram em geral (apenas um) e específicos (de três a quatro) e devem ser redigidos de maneira clara, sempre iniciando com verbo no infinitivo.

- A definição dos objetivos deve ser norteada pela pergunta: Como fazer?

5.2.4.1 Objetivo geral

É o norteador da pesquisa, o "fio condutor", indica o que queremos alcançar. A elaboração do objetivo geral deve ser feita pensando aonde se quer chegar com a pesquisa, mas se considerando onde se está no momento.

5.2.4.2 Objetivos específicos

É o desdobramento do objetivo geral; tem função instrumental; existe para ajudar a atingir o objetivo geral. Devem ser elaborados com o intuito de através deles se chegar ao objetivo geral. Se o objetivo geral é o local onde se pretende chegar, os objetivos específicos são o caminho que se precisa trilhar para se chegar onde se deseja; nesse sentido, eles podem ser definidos como etapas, passos para se chegar ao objetivo geral.

5.2.5 Justificativa(s)

É o lugar do projeto onde o pesquisador deve convencer o leitor da relevância, importância, coerência e viabilidade do seu projeto. De forma sucinta, o pesquisador deve expor os motivos da pesquisa, seu interesse e sua ligação com o tema, mostrando sua importância no que diz respeito à atualidade e ao ineditismo, e apontando a relevância e a pertinência do mesmo para a sociedade e para a ciência. Embora seja redigida de forma direta e objetiva, a justificativa é elemento de suma importância no projeto porque, em geral, ela é o primeiro elemento analisado pelas pessoas, equipes e/ou órgãos responsáveis pela aprovação e/ou financiamento de pesquisas.

• A justificativa deve ser norteada pela pergunta: Por que fazer?

5.2.6 Referencial teórico

Por alguns autores também chamado de revisão da literatura, revisão teórica, fundamentação teórica ou ainda revisão bibliográfica, é o local do projeto onde se apresenta a sustentação teórica do tema, e ainda onde o pesquisador mostra o seu nível de compreensão e envolvimento com o tema. O referencial teórico é o único espaço do projeto em que o pesquisador deve se delongar um pouco mais na escrita. Sendo esse o local onde o pesquisador apresenta quem e o que já foi escrito sobre o tema, a sua elaboração deve ser sustentada por publicações reconhecidas e respeitadas dentro da área afim. As pesquisas de internet são uma opção desde que realizadas em sites oficiais, o recomendável é que se faça uso de livros e de artigos publicados em revistas científicas e/ou em anais de congressos. Todo referencial teórico deve ser sustentado por autores clássicos do tema e pelos contemporâneos que apresentem as discussões atuais, tendo sempre a preocupação de se utilizar auto-

res que seguem linhas teóricas não divergentes. É com base nessa preocupação que Silva e Silveira definem referencial teórico como "a linha ou a escola de pensamento e de pesquisa com a qual o projeto vai se identificar ou a ela se filiar" (2007, p. 172).
- O referencial teórico deve ser norteado pela pergunta: Quem?

5.2.7 Metodologia

Michaliszyn e Tomasini definem metodologia como "explicação minuciosa, detalhada, rigorosa e exata de toda ação desenvolvida no decorrer do trabalho de pesquisa" (2009, p. 115). É na metodologia que o pesquisador informa o tempo de duração da pesquisa, apresenta de que forma ele pretende desenvolver o estudo, qual o tipo de pesquisa, método, instrumentos, técnicas, população, amostra, forma de coleta, tabulação e tratamento dos dados.

A metodologia deve ser redigida de forma direta e objetiva, com os verbos no futuro do presente, tendo o cuidado de se apresentar uma metodologia que sua aplicação viabilize o desenvolver do projeto de forma a contemplar na íntegra os objetivos preestabelecidos.
- A metodologia deve ser norteada pela pergunta: De que forma?

5.2.8 Recursos

Toda pesquisa desenvolvida gera gastos, que devem ser descritos no projeto segundo a especificidade do mesmo. Se o projeto estiver sendo elaborado tendo em vista bolsa de pesquisa, esse é um dos itens de peso, que interfere diretamente na decisão de aprovar ou não o financiamento. Quando se trata de projeto para elaboração de monografia, esse item é também de fundamental importância por permitir a organização prévia de recursos, evitando assim transtornos de última hora para o estudante.

A apresentação dos recursos no projeto pode ser feita separando recursos humanos, recursos materiais de consumo e recursos materiais permanentes. Se para a execução do projeto forem necessários serviços de consultoria, locomoção, alimentação, estagiários, pesquisadores auxiliares, tudo isso deve também ser relacionado nos recursos. Indiferentemente do tipo de recurso, todos eles devem ser listados com o seu respectivo valor/custo.

- Os recursos devem ser norteados pela pergunta: Quanto?

5.2.9 Cronograma

Deve ser cuidadosamente elaborado levando-se em conta o tempo e os recursos para a execução. É importante relacionar todas as etapas do projeto com o tempo necessário para a execução de cada uma delas. Pensando um projeto de pesquisa para monografia, Silva e Silveira falam do cronograma como "distribuição, ao longo de uma linha temporal, das fases/atividades da pesquisa (da escolha oficial do tema até a defesa da monografia ou TCC)" (207, p. 183).

- O cronograma deve ser norteado pela pergunta: Quando?

5.3 Em síntese

Apresentamos até aqui os elementos que compõem um projeto de pesquisa, seguindo a ordem em que eles devem ser dispostos no momento da redação do mesmo. A seguir apresentaremos os elementos de um projeto separados segundo sua função básica.

Quadro 4: Relação dos elementos de um projeto separados
segundo sua função básica

OBJETO DE ESTUDO	O QUE SE PRETENDE	COMO SE PRETENDE	SUPORTES
Tema (o quê) Justificativa (porque) Referencial teórico (quem)	Problema (o quê) Hipótese (resposta problema) Objetivos (como)	Metodologia (de que forma) Recursos (quanto) Cronograma (quando)	Referências Apêndice Anexo Glossário

ATIVIDADES COMPLEMENTARES

Questões que devem ser respondidas antes da elaboração do projeto, como auxílio para a construção do mesmo (Adaptadas de Gonçalves, 2003).

1 Antes de iniciar a redação do projeto, deve-se atentar às questões: O que fazer? Por quê? Para quê? Para quem?

Para esclarecer essas questões deve-se responder às seguintes perguntas:

a) Que assunto será investigado?

b) O que se espera alcançar com essa investigação?

c) Que questão será investigada?

d) Qual a relevância científica do tema?

e) Qual a relevância social do tema?

f) Qual a sua importância em termos operacionais?

2 Tendo respondidas essas questões preliminares, é o momento de se preocupar com o quadro teórico-metodológico, ou seja, que fontes? Onde estão? Como coletar?

a) Que tipo de fonte?

b) Qual a abrangência das fontes?

c) Onde se localizam?

d) Quais os meios de acesso a essas fontes?

3 Em seguida a preocupação deve se voltar para as formas de execução do projeto. Os procedimentos técnicos, materiais e operacionais, ou seja, Como? Que dados? Com quê? Quando? Quanto?

a) De que tipo de pesquisa se trata?

b) Qual abordagem será dada a ela?

c) Como a pesquisa se realizará?

d) Em quanto tempo?

e) Quais as características do universo?

f) Quais as características da amostra selecionada?

g) De que maneira os dados serão coletados, interpretados e analisados?

h) Quais os recursos técnicos necessários à sua realização?

i) Qual a previsão de custo para a sua execução?

J) Que métodos verificarão os dados coletados?

Orientações para desenvolver as atividades propostas:

⇒ Os exercícios poderão ser respondidos todos de uma vez e em seguida passa-se para a redação geral do projeto. Ou:

- Responde-se às perguntas da primeira questão e redige-se o Tema, Problema, Hipótese(s), Objetivo(s), Justificativa(s).
- Em seguida responde-se às perguntas da segunda questão e redige-se o Referencial teórico.
- Por fim responde-se às perguntas da terceira questão e redige-se a parte final do projeto, ou seja, Metodologia, Recursos, Cronograma.

Questões que devem ser respondidas depois da elaboração do projeto, como forma de averiguar a coerência do que foi escrito.

⇒ Seguindo a ordem de elaboração do projeto, vá lendo cada um dos itens elaborados procurando responder às seguintes questões:

Tema

a) O título faz entender corretamente o conteúdo e o propósito do projeto?

b) O tema mostra a limitação da pesquisa?

Problema

a) O problema está elaborado em forma de pergunta?

b) Está delimitado?

c) Está redigido de maneira clara?

Hipótese

A hipótese está apresentada de forma que sirva de "guia" para a execução do projeto?

Objetivos

a) Os objetivos estão de acordo com a pergunta formulada?

b) Os verbos estão usados no tempo correto?

c) Os objetivos são possíveis de serem atingidos?

d) Todos os objetivos específicos estão "subordinados" ao objetivo geral?

Justificativa

a) A justificativa esclarece o porquê da pesquisa?

b) A justificativa esclarece a motivação?

Referencial teórico

a) O referencial teórico está compatível com o objetivo?

b) O referencial teórico dá mostra do seu envolvimento/conhecimento do tema?

c) O referencial teórico lhe dá suporte para interpretar os dados que serão coletados?

Metodologia

a) Através dessa metodologia será possível atingir os objetivos traçados?

b) Está claro o sujeito (a população) a ser estudado?

c) Está clara a mostra que será utilizada?

d) Quais as fontes e instrumentos de coleta de dados serão utilizados?

e) Como será feita a análise dos dados?

Recursos

a) Os recursos previstos estão compatíveis com os objetivos e o cronograma?

Cronograma

a) O cronograma está compatível com os objetivos?

b) O cronograma está elaborado de uma forma que seja possível ser cumprido?

⇒ Respondidas essas questões, organize os elementos pré e pós-textuais e envie o material completo para revisão de português.

CAPÍTULO 6
Monografia (conforme NBR 14724:2011)

Quem não quiser se equivocar deve construir sua hipótese, derivada da experiência sensível, sobre um fato, e não supor um fato devido a essa hipótese.

Locke

Em geral, uma grande confusão se estabelece no que diz respeito às diferentes nomenclaturas usadas para falar de trabalhos acadêmicos. Poucos conseguem diferenciá-las e, em geral, usam como se fossem sinônimos os termos monografia, dissertação, tese, Trabalho de Conclusão de Curso – TCC. A ABNT reconhece como termos distintos e dá a cada um desses um sentido específico.

O termo monografia está diretamente ligado à etimologia da palavra que é de origem grega, e significa escrita única (*mono* = um só, *graphein* = escrever). O termo monografia é usado para fazer referência a trabalhos/estudos que tratem de forma mais abrangente um tema único e bem delimitado. Segundo a NBR 6023:2002 monografia é item completo, formado por uma única parte. É comum o questionamento da validade de uma monografia produzida por mais de uma pessoa sob a alegação de ser um trabalho único. É importante ressaltar que único está relacionado ao tema abordado e não à quantidade de pessoas que participam do processo de produção da mesma.

Assim sendo, comungando com o pensamento de Bastos e Keller (2004), ressaltamos que sob o título de monografia reúne-se todo tipo de trabalho que aprofunda um tema único e apresenta uma estrutura geral básica. Esses trabalhos se diferenciam uns dos outros pelo seu objetivo, pela profundidade do tema, por sua finalidade, como pode ser visto a seguir.

- **Trabalho de conclusão de Curso – TCC** = trabalho desenvolvido sob a coordenação de um orientador. Tem como função orientar conteúdo, técnicas, metodologias. Seu conteúdo deve abordar um tema específico relacionado com o curso ou com uma disciplina. É, em geral, solicitado como requisito para obtenção de título de graduação e/ou de especialização.

- **Dissertação** = tem um nível de exigência maior que o TCC, uma vez que é requisito básico para obtenção do título de mestre. Deve ser desenvolvido sob a coordenação de um doutor ou pós-doutor. É definida pela NBR 14724:2011 como "documento que apresenta o resultado de um trabalho experimental ou exposição de um estudo científico retrospectivo, de tema único e bem delimitado em sua extensão, com o objetivo de reunir, analisar e interpretar informações" (p. 2).

- **Tese** = é requisito básico para obtenção do título de doutor ou similar. Deve ser desenvolvido sob a coordenação de um doutor ou pós-doutor. Tem um nível de exigência bem maior, uma vez que "deve ser elaborado com base em investigação original, constituindo-se em real contribuição para a especialidade em questão" (NBR 14724:2011, p. 4).

Tendo em vista esse entendimento de monografia é que a ABNT regulamenta trabalho acadêmico podendo entender como sinônimo de monografia.

6.1 Regras de apresentação de monografia

As regras de apresentação de monografia não se diferem das regras gerais de apresentação de trabalhos acadêmicos e de projeto de pesquisa.

➢ As referências devem ser apresentadas conforme NBR 6023 (veja orientações e modelos no capítulo 3 deste livro);

- Citações. De acordo com o item 5.5 da NBR 14724:2011, as citações devem ser apresentadas conforme NBR 10520 (veja orientações e modelos no capítulo 2 deste livro); de acordo com o item 5.2 da NBR 14724:2011 as citações diretas longas devem ser digitadas em espaço simples, o que não é determinação da NBR 10520. Assim sendo, a lei que normatiza trabalhos acadêmicos dá abertura para que as citações diretas longas sejam digitadas em espaço simples (se seguir a orientação do item 5.2) ou espaço 1,5 (se seguir a orientação do item 5.5). Nossa orientação é que se use o espaço 1,5, pois facilita a formatação do trabalho e garante uma melhor estética.
- O texto deve ser digitado em fonte tamanho 12 e as citações diretas longas, legendas de figuras e notas de rodapé em fonte tamanho 10;
- O trabalho deve ser impresso com tinta de cor preta;
- Tendo em vista a preocupação com o meio ambiente, o papel utilizado deve ser no formato A4, branco ou reciclado;
- A impressão dos elementos textuais e pós-textuais deve ser em anverso e verso das folhas;
- As páginas devem ser contadas a partir dos elementos pré-textuais, porém devem ser enumeradas a partir da primeira folha do elemento textual, no canto superior direito da folha;
- O texto deve ser digitado respeitando as medidas de 3cm para as margens superior e esquerda e de 2cm para inferior e direita;
- O tipo de letra deve ser arial ou times new roman;
- O espaçamento entre linhas deve ser de 1,5, exceto para as referências, notas de rodapé, legendas e natureza do trabalho que devem ter espaçamento simples;
- Os títulos devem ser separados do texto que os precede e que os sucede por um espaço entre linhas de 1,5;
- Os títulos com indicativos numéricos devem ser alinhados à esquerda e separados do seu título por um espaço de caractere;

➢ Os títulos que ocupam mais de uma linha devem ser alinhados abaixo da primeira letra da primeira palavra do título;
➢ Os títulos sem indicativos numéricos devem ser centralizados.

Vale ressaltar que, diferente do projeto de pesquisa, na monografia, cada elemento pré-textual, textual e pós-textual deve ser apresentado em página distinta, ou seja, de um elemento para o outro, é sempre necessário fazer quebra de página.

6.2 Estrutura da monografia

A ABNT por meio da NBR 14724:2011 regulamenta os elementos que devem conter em um trabalho acadêmico/monografia e a forma de apresentação dos mesmos. Segundo a norma, os trabalhos acadêmicos devem apresentar parte externa e parte interna. A parte externa é formada pela capa (obrigatório) e a lombada (opcional), enquanto a parte interna é formada pelos elementos pré-textuais, textuais e pós-textuais e cada um desses elementos com suas subdivisões assim dispostos:

Quadro 5: Relação dos elementos que compõem uma monografia

Elementos pré-textuais	Elementos textuais	Elementos pós-textuais
Folha de rosto (obrigatório)	Introdução (obrigatório)	Referências (obrigatório)
Errata (opcional)	Desenvolvimento (obrigatório)	Glossário (opcional)
Folha de aprovação (obrigatório)	Conclusão (obrigatório)	Apêndice (opcional)
Dedicatória (opcional)		Anexo (opcional)
Agradecimentos (opcional)		Índice (opcional)
Epígrafe (opcional)		
Resumo na língua vernácula (obrigatório)		
Resumo na língua estrangeira (obrigatório)		
Listas (opcional)		
Sumário (obrigatório)		

A monografia deve ser redigida iniciando-se pela parte externa seguida pela parte interna, obedecendo-se rigorosamente à ordem de apresentação dos elementos acima relacionados. Os elementos da monografia devem ser separados um do outro por quebra de página, ou seja, cada elemento deve figurar em uma nova página. Os elementos opcionais podem ser suprimidos, se assim o desejar o autor, porém, decidindo pelo seu uso, eles devem seguir as normas estabelecidas.

A capa, a folha de rosto, o sumário, as referências, o apêndice e o anexo seguem a mesma estrutura de apresentação de trabalho disciplinar, conforme apresentado no capítulo 4 deste livro. Vale ressaltar que na monografia o sumário é elemento obrigatório. Os demais elementos devem ser elaborados seguindo os seguintes critérios:

6.2.1 Capa

Elemento obrigatório. Veja orientações e modelo no capítulo 4 deste livro.

6.2.2 Lombada

Elemento opcional. Elaborada conforme a NBR 12225. Deve conter nome do autor, título da obra, número do volume, fascículo (se houver), logomarca da editora. Autor e título devem ser impressos no mesmo sentido (horizontal ou descendente) abreviando quando necessário e reservando um espaço de 30mm na borda inferior da lombada. A logomarca da editora deve ser impressa no mesmo sentido da lombada.

Veja a lombada deste livro.

6.2.3 Folha de rosto

Elemento obrigatório. Veja orientações e modelo no capítulo 4 deste livro.

6.2.4 Errata

Elemento opcional. Recurso que só deve ser usado em casos de extrema necessidade. Quando se detecta um erro considerável no trabalho, já estando ele pronto para apresentação, faz-se uma errata com o intuito de fazer a devida correção. Por ser redigida depois que o trabalho está pronto, a errata deve ser apresentada em papel avulso, podendo ser inserida no trabalho logo depois da folha de rosto, ou ser entregue aos membros da banca antes do início da apresentação.

Deve-se escrever a palavra errata na primeira linha da página, em caixa alta (maiúscula), fonte tamanho 12, negrito, centralizado. No texto da errata deve aparecer em forma de tabela os itens: página, linha, onde se lê e leia-se.

Figura 7 – Modelo de errata

 3cm

ERRATA

Página	Linha	Onde se lê	Leia-se
12	21	prosseso	processo
31	13	indireto	direto

 3cm

 2cm

 2cm

6.2.5 Folha de aprovação

Elemento obrigatório. Sem título e sem indicativo numérico. Deve conter: nome do autor; título do trabalho; subtítulo (se houver); natureza do trabalho; data de aprovação; nome, titulação, instituição a que pertence e assinatura dos membros da banca examinadora.

O nome do autor(a), título, subtítulo e a natureza do trabalho seguem as mesmas orientações da folha de rosto.

Data de aprovação → deve vir logo abaixo da natureza do trabalho com dia, mês e ano.

Nome, titulação, instituição a que pertence → devem ser apresentados abaixo da data de aprovação separados um do outro com dois espaços e com uma linha tracejada para assinatura.

A assinatura dos membros e a data de aprovação devem ser colocadas após a aprovação da monografia.

Figura 8 – Folha de aprovação

3cm

Abadia Pedrosa de Oliveira

O PODER DA PALAVRA: Cuidados essenciais na forma de falar com pacientes em fase terminal.

Monografia apresentada como um dos requisitos para obtenção do título de bacharel em enfermagem pela Universidade Federal de Goiás.

 3cm

 2cm

Goiânia, ___ de _____ de 2014.

BANCA EXAMINADORA

_____

Profª Ma. Elaina Sipriano Oliveira
(Orientadora)

_____

Profª Dra. Bernadete Carmo Spindolla
Universidade Federal de Goiás

_____

Profº Dr. Francisco Candido Bernardez
Universidade Federal de Goiás

2cm

6.2.6 Dedicatória

Elemento opcional. Sem título e sem indicativo numérico. A monografia pode ser dedicada a quem o autor desejar. No caso de monografia escrita por um grupo de autores, pode ser feita uma única dedicatória no plural, ou cada membro do grupo pode fazer a sua dedicatória, uma após a outra na mesma página.

Figura 9 – Modelo de dedicatória

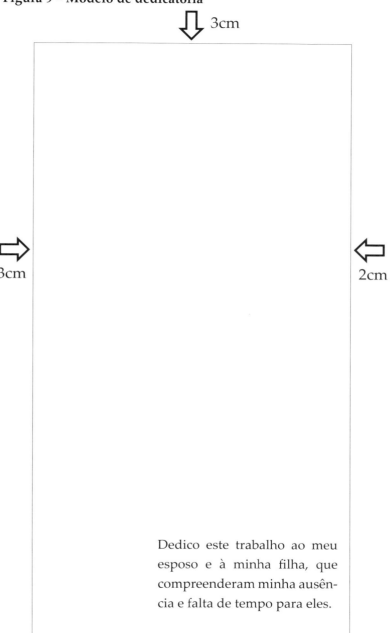

6.2.7 Agradecimentos

Elemento opcional. Os agradecimentos devem ser feitos a pessoas e/ou instituições que de alguma forma contribuíram para a concretização do trabalho. A palavra agradecimento deve ser redigida na primeira linha da página, em fonte tamanho 12, negrito, centralizado e em caixa alta (maiúscula). No caso de monografia escrita por um grupo de autores, os agradecimentos podem ser feitos de maneira geral, usando o plural ou individualizados, usando o singular, uma após a outra na mesma página.

Figura 10 – Modelo de agradecimento

 3cm

AGRADECIMENTO

 3cm

 2cm

À minha mãe, que a cada momento difícil me fazia acreditar que era capaz.

Priscila Mendonça

Ao meu esposo, que corajosamente me ajudou a trilhar este caminho árduo.

Pedro Lucas Damaceno

Ao meu pai, orgulho de minha vida e minha força maior.

Frederico Candido Oliveira

Aos meus colegas de trabalho, que com paciência me suportaram nos momentos de sobrecarga de trabalhos acadêmicos.

Maria Rita Bernardino

 2cm

6.2.8 Epígrafe

Elemento opcional. Sem título e sem indicativo numérico. Citação relacionada com a temática do trabalho, pode ser retirada de livro, música, poema, ditado popular. Após a citação, indica-se o autor ou escreve-se "autor desconhecido", caso não se saiba de quem é a autoria. Pode-se colocar epígrafes no início das seções primárias, ou seja, no início de cada capítulo.

Figura 11 – Modelo de epígrafe

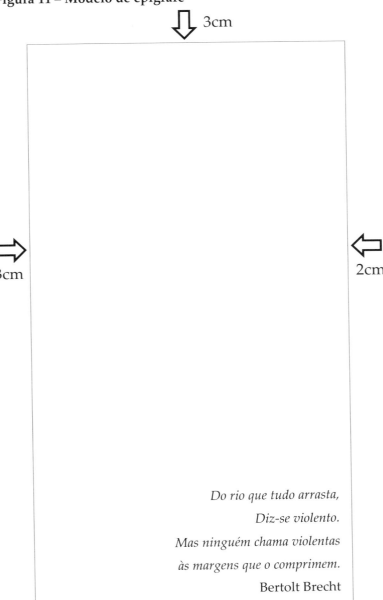

6.2.9 Resumo na língua vernácula

Elemento obrigatório. Elaborado conforme a NBR 6028:2003. Veja orientações no capítulo 1 deste livro, item 1.7.2.1 Resumo indicativo. A palavra resumo deve ser redigida na primeira linha da página, em fonte tamanho 12, negrito, centralizado e em caixa alta (maiúscula).

Figura 12 – Modelo de resumo na língua vernácula

 3cm

RESUMO

Este trabalho volta-se para o estudo de questões referentes à migração, buscando analisar os impactos dessa na vida social. O presente trabalho foi desenvolvido a partir de estudo realizado no município de Tiros, no interior de Minas Gerais, onde foi possível observar que a representação que a população faz de si mesma está diretamente ligada ao fato de ser um povo que se estrutura sob três mitos de origem e que em função desses se constitui sob a égide de povo aventureiro e ávido por riquezas; essa representação de si mesma é que dá origem ao fluxo migratório. Foi possível observar ainda que, em linhas gerais, a história da migração tirense se assemelha à história da migração brasileira, que tem sido alimentada pela "política do silêncio", pelas "redes sociais" e pelo "discurso de verdade", o que tem criado no tirense uma imagem da América como "lugar que jorra leite e mel". Ao buscar compreender a relação entre processos de migração e mudanças provocadas pelos fluxos migratórios foi possível observar que o município vem sofrendo grandes mudanças sociais do ponto de vista religioso, político, econômico, familiar, educacional, de saúde, ou seja, é notório o fato de que a migração tem provocado impacto social. Porém, a análise dos dados e a observação atenta permitiu concluir que a migração em Tiros não tem provocado mudança estrutural, uma vez que gera processos de (re)construção/valoração de identidade atingindo apenas aspectos menos transformadores das questões estruturais mantendo porém a estrutura social.

Palavras-chave: Migração. Identidade. Mudança. Estrutura social.

3cm

 2cm

 2cm

6.2.10 Resumo em língua estrangeira

Elemento obrigatório. Faz-se a tradução do resumo e das palavras-chave para uma língua estrangeira determinada pela instituição para a qual o trabalho está sendo elaborado. Se em inglês usa-se a expressão abstract, Resumem, se em espanhol, Résumé, se em francês. A expressão deve ser redigida na primeira linha da página, em fonte tamanho 12, negrito, centralizado e em caixa alta (maiúscula).

Figura 13 – Modelo de resumo em língua estrangeira

3cm

ABSTRACT

This work is about the study of some questions related to migration, that tries to analize its impact on social life. It is based on a study that was carried out in the town of Tiros, in the state of Minas Gerais, where it was possible to notice that the image the town has of itself is directly connected to the fact that the origin of its population is built out of three different myths, which are responsible for the ideia of venturous people, eager for wealth, shared by its own population, that is the reason for its migratory flow. It was also possible to notice that, on the whole, the history of the Tirense migration is similar to the history of the Brazilian migration, that has been sustained by the "politics of silence", "social networks", and "real speech", which have arisen in the Tirense an image of America as a "place where milk and honey gush out". While trying to understand the relation between the processes of migration and changes caused by migratory flows, it was possible to observe that the town has been going through big changes, if we consider the religious, political, economical, familiar, educational, and health viewpoints, in other words, it is widely known the fact that migration has caused social impact. However, the analisys of data and careful observation made possible to conclude that the migration in Tiros has not promoted structural changes, since it generates processes of identity (re)construction/valuation, only affecting the less transforming aspects of structural questions, conserving, however, the social structure.

Keywords: Migration. Identity. Change. Social Structure.

3cm

2cm

2cm

6.2.1.11 Listas

Elementos opcionais. Podem-se fazer listas de ilustrações, gráficos, tabelas, abreviaturas, siglas e símbolos. As listas devem ser elaboradas quando os itens aparecem no texto em quantidade superior a quatro vezes. Cada lista deve aparecer em folha distinta. Na primeira linha da página deve-se escrever o nome da lista em fonte tamanho 12, negrito, centralizado e em caixa alta (maiúscula). De acordo com a ordem apresentada no texto, deve-se designar o nome específico (ilustrações, tabelas, abreviaturas, siglas e símbolos), travessão, título e o número da página.

Figura 14 – Modelo de lista

 3cm

 3cm

 2cm

LISTA DE FOTOS

Foto 1: Fachada da maternidade 23
Foto 2: Almoxarifado antes da reestruturação 39
Foto 3: Almoxarifado depois da reestruturação 48
Foto 4: Problemas na parte elétrica 49
Foto 5: Piso danificado na recepção 51
Foto 6: Infiltrações no centro cirúrgico 52

2cm

6.2.12 Sumário

Elemento obrigatório. Elaborado conforme a NBR 6027. Veja orientações e modelo no capítulo 4 deste livro.

6.1.13 Introdução

Elemento obrigatório. Tem como função inserir o leitor no contexto do trabalho; assim deve antecipar o conteúdo do texto e despertar no leitor o desejo de conhecer o material. É o local do texto onde o autor anuncia o assunto apresentando resumidamente: a ideia geral, a delimitação do tema, as razões de sua elaboração, os objetivos, as justificativas, a importância, a definição de termos, as metodologias. É também na introdução que o autor informa ao leitor as divisões do texto, apresentando apenas os tópicos principais. Não se deve apresentar na introdução os resultados e conclusões do trabalho, sendo isso função das considerações finais. Por se tratar de uma breve exposição do texto, deve ser a última parte do trabalho a ser redigida.

A palavra introdução deve ser redigida na primeira linha da página ímpar (anverso), em fonte tamanho 12, negrito, centralizado e em caixa alta (maiúscula).

6.1.14 Desenvolvimento

Elemento obrigatório. Podendo ser dividido em partes, capítulos, seções, subseções, alíneas e subalíneas, tomando-se sempre o cuidado de não se dividir excessivamente um texto e nem se deixar textos muito extensos sem divisões, ou seja, não pecar nem pelo excesso e nem pela falta.

É onde se apresenta detalhadamente os passos trilhados no estudo. O texto deve ser redigido em linguagem técnico-científica, com clareza, objetividade e coerência. O conteúdo do texto deve apresentar histórico, contextualização do problema, fundamentação teórica do tema dialogando com os autores clássicos e atuais, discussões e análises de resultados do tema específico escolhido para a pesquisa. O desenvolvimento deve ter como preocupação responder integralmente às questões levantadas no projeto de pesquisa.

As divisões do texto devem ser marcadas por títulos antecedidos de indicativos numéricos alinhados à esquerda. Os indicativos numéricos secundários, terciários e quaternários devem ser separados entre si por ponto. O indicativo numérico deve ser separado do título por um espaço de caractere. Os títulos primários devem começar em páginas ímpar (anverso), para os demais títulos não se deve fazer quebra de página. Para separar o texto do título e o título do texto dá-se um espaço entre as linhas de 1,5. Quando o título ocupar mais de uma linha deve, a partir da segunda linha, ser alinhado abaixo da primeira letra da primeira palavra do título. Todos os títulos devem ser redigidos em fonte tamanho 12. Os títulos dos elementos primários devem ser redigidos em caixa alta (maiúscula) e em negrito. Os títulos dos elementos secundários, terciários e quaternários devem ser redigidos em caixa baixa (minúscula) e em negrito, com apenas a primeira letra em caixa alta. Os títulos das alíneas devem ser redigidos sem nenhum recurso de destaque.

6.1.15 Conclusão ou considerações finais

Elemento obrigatório. Servo, Bervian e Da Silva afirmam que "o homem comum apresenta sua ideia sob a forma de afirmação, que pode ser positiva ou negativa. O pesquisador apresenta-a sob a forma de conclusão. A conclusão corresponde à seção que arremata o trabalho" (2007, p. 123). Alguns autores, por verem a ciência como processo em que as verdades podem não ser totalmente prontas e nem tampouco eternas, recomendam então o uso das palavras Considerações Finais ao invés de Conclusões, no sentido de que, em se tratando de ciência, difícil é poder apontar seguramente uma conclusão sobre determinado assunto. Esse pensamento vai de encontro à visão dos autores anteriormente citados, uma vez que a definem como apresentação de ideia, arremate de trabalho.

É na conclusão que devem-se apresentar os resultados a que se chegou com a pesquisa. Deve ser uma resposta certa à hipótese levantada no projeto (negando ou afirmando) e reforçada na introdução, um resumo dos principais argumentos levantados ao longo do desenvolvimento, uma síntese interpretativa dos elementos dispersos pelo trabalho, ponto de chegada das deduções lógicas baseadas no desenvolvimento.

Pode-se ainda, na conclusão, fazer referência a problemas relevantes e dignos de novos estudos. É na conclusão que o autor vai demonstrar sua autonomia intelectual, pois:

> na conclusão você pode anunciar seu ponto de vista com a certeza de que ele possui uma fundamentação teórica e científica. Sendo resultado de seu trabalho, justo é que traga sua marca pessoal. O ponto de vista do autor aparece sempre que ele chega a uma conclusão original, a um conhecimento novo ou simplesmente a uma nova reformulação de conhecimentos existentes (SERVO; BERVIAN; DA SILVA, 2007, p. 124-125).

Sendo a conclusão o "pódio" do autor, nada mais coerente que se portar adequadamente nesse espaço de forma direta, firme, objetiva e convincente.

As palavras Conclusão ou Considerações Finais devem ser redigidas na primeira linha da página ímpar (anverso), em fonte tamanho 12, negrito, centralizado e em caixa alta (maiúscula).

6.1.16 Referências

Elemento obrigatório. Veja orientações e modelo nos capítulos 3 e 4 deste livro.

6.1.17 Glossário

Elemento opcional. A ABNT define como "relação de palavras ou expressões técnicas de uso restrito ou de sentido obscuro, utilizadas no texto, acompanhadas das respectivas definições" (NBR 14724, p. 3). Recomenda-se o seu uso quando o trabalho é mais extenso e apresenta várias palavras e termos que carecem de definições. Deve-se escrever a palavra glossário na primeira linha da página, em caixa alta (maiúscula), fonte tamanho 12, negrito, centralizado. A relação de palavras deve ser apresentada em ordem alfabética. O conteúdo do glossário deve distanciar-se do título o equivalente a uma linha em branco.

Figura 15 – Modelo de glossário

 3cm

GLOSSÁRIO

ABNT = Associação Brasileira de Normas Técnicas.

CABEÇALHO = Palavra ou símbolo que determina a entrada.

NBR = Normas Brasileiras de Regulamentação.

SEÇÃO = Parte em que se divide um documento.

SUBALÍNEA = Subdivisão de uma alínea.

3cm   2cm

 2cm

6.1.18 Apêndice

Elemento opcional. Veja orientações e modelo no capítulo 4 deste livro.

6.1.19 Anexo

Elemento opcional. Veja orientações e modelo no capítulo 4 deste livro.

6.1.20 Índice

Elemento opcional. É importante ressaltar que índice e sumário não são sinônimos e portanto não podem ser usados com a mesma finalidade. O índice é uma lista de palavras, frases ou expressões (que são relacionadas seguindo critérios específicos definidos pelo autor) seguidas pela numeração da(s) página(s) onde aparece. Deve-se escrever a palavra índice na primeira linha da página, em caixa alta (maiúscula), fonte tamanho 12, negrito, centralizado. O conteúdo do índice deve distanciar-se do título o equivalente a uma linha em branco.

Figura 16 – Modelo de índice

ÍNDICE REMISSIVO

Alínea, 230
Artigo, 216
Citações, 75
Estrutura do projeto, 216
Hipótese, 134
Pesquisa, 183
Problema, 126
Projeto, 30
Referência, 266
Relatório, 49
Resumo indicativo, 150
Resumo informativo, 249

ATIVIDADES COMPLEMENTARES

1 Embora, no dia a dia, se use o termo monografia para fazer referência a todo tipo de trabalho de conclusão de curso, qual é a nomenclatura correta de monografia de mestrado e de monografia de doutorado e como diferenciar uma da outra?

2 Relacione os elementos pré-textuais, textuais e pós-textuais obrigatórios de uma monografia segundo estabelece a Associação Brasileira de Normas Técnicas (ABNT) através da NBR 14724/2011.

3 Explique o que é uma monografia e qual a sua função.

4 De acordo com a NBR 14724:2011, quais os elementos que devem aparecer em uma monografia sem título e sem indicativo numérico?

5 Quais são os elementos obrigatórios de uma capa de monografia?

CAPÍTULO 7
Artigo (conforme NBR 6022:2003)

> São muitas as perguntas. E o mais penoso de
> nosso tempo é que só os tolos parecem ter
> certezas, enquanto as pessoas de imaginação
> e raciocínio vivem cheias de dúvidas.
> Bertrand Russel

Artigo científico é um tipo de produção intelectual que tem como intuito apresentar estudos de uma forma mais condensada do que em livro e/ou monografia. Embora a condensação seja característica dos artigos, é importante ressaltar que os mesmos se caracterizam como produção que "apresenta e discute ideias, métodos, técnicas, processos e resultados" (NBR 6022:2003, p. 2). Dessa forma, a sua escrita deve ser atenta no sentido de propiciar ao leitor todas as informações necessárias para a compreensão e/ou comprovação do que está sendo dito.

Sempre com o objetivo de tornar conhecidos os resultados de pesquisas, sejam elas documentais, bibliográficas ou de campo, os artigos proporcionam ao público leitor a ampliação de conhecimento e a compreensão de questões postas (MARCONI; LAKATOS, 2003, p. 259). A depender de seu conteúdo, os artigos podem ser classificados como de revisão ou original. É caracterizado como artigo de revisão quando "resume, analisa e discute informações já publicadas" (NBR 2002:2003, p. 2). Esse tipo de artigo é com mais frequência escrito por alunos de graduação e de pós-graduação, como forma de apresentar os conhecimentos adquiridos, na grande maioria das vezes, através de pesquisa bibliográfica.

Já os artigos originais são, em geral, escritos por estudiosos que estão em um nível mais elevado de produção de conhecimento, uma vez que nele se "apresentam temas ou abordagens originais" (NBR 2002:2003, p. 2).

Os artigos científicos, ao longo dos tempos, têm sido produzidos com o intuito de serem publicados em periódicos científicos, permitindo com isso a propagação de conhecimentos e de autores, abrindo espaço na comunidade científica para apresentação, análise, discussão, refutação, questionamento. Dessa forma, as publicações de artigos em periódicos melhoram o nível do currículo de seus autores. Nos últimos anos, muitas instituições acadêmicas têm substituído a monografia como trabalho de conclusão de curso (TCC) pelo artigo científico, entendendo que o aluno pode posteriormente fazer um melhor uso desse do que da monografia, no que diz respeito a tornarem-se conhecidos os resultados de seus estudos.

Independentemente das motivações que levam à produção do artigo, ele deve sempre ser redigido levando-se em conta os aspectos normativos. A ABNT, através da NBR 6022:2003, estabelece estrutura e regras gerais para apresentação de artigos enquanto que os conselhos editorias dos periódicos estabelecem regras específicas para publicação, que, em geral, não divergem muito das estabelecidas pela ABNT. Dessa forma, o(s) autor(es), ao produzir(em) um artigo, deve(m) ficar atento(s) às determinações do órgão para o qual irá(ão) encaminhar o mesmo. Apresentaremos a seguir a estrutura e as regras estabelecidas pela ABNT, certas de que, se o leitor aprender a redigir um artigo dentro delas, ele será capaz de, num momento posterior, adequá-lo a qualquer regra específica.

7.1 Regras de apresentação de artigo científico

Ao contrário dos trabalhos acadêmicos e das monografias, o artigo deve ser redigido sem quebra de página de um elemento para o outro, ou seja, começa-se a redação com o primeiro elemento pré-textual na primeira página e, na sequência, todos os demais elementos são dispostos separadamente entre si apenas por espaços. Devem ainda seguir as seguintes regras gerais:

- ➢ O texto deve ser digitado respeitando as medidas de 3cm para as margens superior e esquerda e de 2cm para inferior e direita;
- ➢ O tipo de letra deve ser arial ou times new roman;
- ➢ O espaçamento entre linhas deve ser de 1,5, exceto para as referências, notas de rodapé, legendas e natureza do trabalho que devem ter espaçamento simples;
- ➢ O texto deve ser digitado em fonte tamanho 12 e as citações diretas longas, legendas de figuras e notas de rodapé em fonte tamanho 10;
- ➢ As referências devem ser apresentadas conforme NBR 6023 (veja orientações e modelos no capítulo 3 deste livro);
- ➢ As citações devem ser apresentadas conforme NBR 10520 (veja orientações e modelos no capítulo 2 deste livro);
- ➢ As páginas devem ser contadas a partir dos elementos pré-textuais, porém devem ser enumeradas a partir da primeira folha do elemento textual, no canto superior direito da folha;
- ➢ Os títulos devem ser separados do texto que os precede e que os sucede por um espaço entre linhas de 1,5;
- ➢ Os títulos com indicativos numéricos devem ser alinhados à esquerda e separados do seu título por um espaço de caractere;
- ➢ Os títulos sem indicativo numérico devem ser centralizados;
- ➢ Os títulos que ocupam mais de uma linha devem ser alinhados abaixo da primeira letra da primeira palavra do título;
- ➢ O trabalho deve ser impresso com tinta de cor preta;
- ➢ Tendo em vista a preocupação com o meio ambiente, o papel utilizado deve ser no formato A4 branco ou reciclado;

➢ A impressão dos elementos textuais e pós-textuais deve ser em anverso e verso das folhas.

7.2 Estrutura do artigo científico

O artigo científico, diferentemente dos trabalhos acadêmicos e das monografias, não possui elementos externos. Sua estrutura é formada por elementos pré-textuais, textuais e pós-textuais assim dispostos:

Quadro 6: Relação dos elementos que compõem um artigo

Elementos pré-textuais	Elementos textuais	Elementos pós-textuais
• Título na língua do texto (obrigatório) Subtítulo (se houver) na língua do texto (opcional) • Nome(s) do(s) autor(es) (obrigatório) • Resumo na língua do texto (obrigatório) • Palavras-chave na língua do texto (obrigatório)	• Introdução (obrigatório) • Desenvolvimento (obrigatório) • Conclusão (obrigatório)	• Título em língua estrangeira (obrigatório) • Subtítulo (se houver) em língua estrangeira (opcional) • Resumo em língua estrangeira (obrigatório) • Palavras-chave em língua estrangeira (obrigatório) • Nota(s) explicativa(s) (opcional) • Referências (obrigatório) • Glossário (opcional) • Apêndice(s) (opcional) • Anexo(s) (opcional)

7.2.1 Elementos pré-textuais

Diferentemente de trabalho disciplinar, de projeto de pesquisa e de monografia, o artigo não possui na sua estrutura capa e folha de rosto, sua apresentação se inicia com o primeiro elemento pré-textual (título) e segue sem quebra de página até o último elemento pós-textual.

7.2.1.1 Título

Elemento obrigatório. Como já mencionado no projeto de pesquisa, o título deve ser pensado depois que o artigo estiver pronto, uma vez que ele deve espelhar e ser "o cartão postal" do artigo, no sentido de fazer entender o que se pretende. Para Marcos e Maria Costa, "o título deve refletir a pesquisa como um todo. Deve ser claro, preciso, e se possível deve informar exatamente a natureza da pesquisa" (2013, p. 22); deve ser apresentado em negrito, centralizado, fonte tamanho 12, em caixa alta (maiúscula), espaçamento entre linhas de 1,5.

7.2.1.2 Subtítulo

Elemento opcional. Se tiver, deve ser apresentado depois do título, antecedido de dois pontos, centralizado, fonte tamanho 12, em caixa baixa (minúscula), espaçamento entre linhas de 1,5.

7.2.1.3 Nome(s) do(s) autor(es)

Elemento obrigatório. Deve(m) ser apresentado(s) logo abaixo do título ou subtítulo (se houver), separados por uma linha em branco de espaçamento, alinhado à direita, seguido por chamada para nota de rodapé indicada por asterisco onde apresentará as credenciais do(s) autor(es) contendo informações claras e resumidas sobre formação acadêmica, área de atuação profissional, área de pesquisa, principais publicações, endereço eletrônico etc.

7.2.1.4 Resumo (na língua do texto)

Elemento obrigatório. Apresentado separadamente do(s) autor(es) por duas linhas em branco de espaçamento, antecedido da expressão resumo em negrito, centralizado, fonte tamanho 12, em caixa alta (maiúscula). Deve ser redigido em um único parágrafo constituído de uma sequência de frases concisas e objetivas, sem travessão e não ultrapassando 250 palavras. Veja orientações no capítulo 1 deste livro, item 1.7.2.1.

7.2.1.5 Palavras-chave (na língua do texto)

Elemento obrigatório. Conjunto de três a cinco palavras que sejam representativas do conteúdo do artigo, iniciando com letra maiúscula, separadas entre si por ponto e finalizadas com ponto. Devem figurar logo abaixo do resumo, antecedidas da expressão Palavras-chave: em negrito.

7.2.2 Elementos textuais

Devem ser dispostos logo após os elementos pré-textuais, sendo separados apenas por duas linhas em branco de espaçamento.

7.2.2.1 Introdução

Elemento obrigatório. Local onde se apresenta de forma sintetizada a delimitação do assunto abordado, os objetivos, instrumentos e referenciais da pesquisa. Pode ou não ser antecedida da expressão Introdução em negrito, centralizado, fonte tamanho 12, em caixa alta (maiúscula).

7.2.2.2 Desenvolvimento

Elemento obrigatório. Apresentado logo após a introdução, separados por duas linhas em branco de espaçamento, é a parte principal do artigo, onde se expõe de forma ordenada e pormenorizada o assunto tratado. Sua divisão em seções e subseções vai depender do assunto abordado e do tamanho do artigo, observando sempre que se trata de uma modalidade de escrita que não deve ser apresentada com muitas subdivisões (MARCONI; LAKATOS, 2003, p. 260). Os títulos das seções e subseções devem ser separados do texto que os precede ou que os sucede por duas linhas em branco de espaçamento.

7.2.2.3 Conclusão

Elemento obrigatório. Apresentado logo após o desenvolvimento, separados por duas linhas em branco de espaçamento, é onde se apresenta resumidamente as conclusões e resultados a que se chegou. Pode, ou não, ser antecedida da expressão Conclusão ou Considerações Finais em negrito, centralizado, fonte tamanho 12, em caixa alta (maiúscula).

7.2.3 Elementos pós-textuais

Devem ser apresentados na sequência dos elementos textuais, sendo separados apenas por duas linhas em branco de espaçamento.

7.2.3.1 Título em língua estrangeira

Elemento obrigatório. Apresentado em negrito, centralizado, fonte tamanho 12, em caixa alta (maiúscula), espaçamento entre linhas de 1,5.

7.2.3.2 Subtítulo em língua estrangeira

Elemento opcional. Se houver, deve ser apresentado depois do título, antecedido de dois pontos, centralizado, fonte tamanho 12, em caixa baixa (minúscula), espaçamento entre linhas de 1,5.

7.2.3.3 Resumo em língua estrangeira

Elemento obrigatório. Deve ser separado do título, em língua estrangeira ou subtítulo em língua estrangeira (se houver), por duas linhas em branco de espaçamento. Aqui deve figurar a tradução do resumo anteriormente apresentado, seguindo as mesmas orientações, e substituindo a expressão resumo por abstract se em inglês, Resumem se em espanhol, Résumé se em francês.

7.2.3.4 Palavras-chave em língua estrangeira

Elemento obrigatório. Logo abaixo do resumo apresenta-se a tradução das palavras-chave, seguindo-se as mesmas orientações e substituindo-se a expressão palavras-chave por Keywords se em inglês, Palabras-chave se em espanhol, Mots-clés se em francês.

7.2.3.5 Nota(s) explicativa(s)

Elemento opcional. São usadas com a finalidade de fornecer explicações, esclarecimentos e comentários que não ficam bem se incluídos no texto. Seguem as regras normais de elaboração conforme NBR 10520, item 7.2, sendo separada(s) das palavras-chave em língua estrangeira por duas linhas em branco de espaçamento.

7.2.3.6 Referências

Elemento obrigatório. Apresentadas conforme a NBR 6023, antecedidas da expressão Referências em negrito, centralizado, fonte tamanho 12, em caixa alta (maiúscula). Separadas das palavras-chave em língua estrangeira ou das nota(s) explicativa(s) por duas linhas em branco de espaçamento.

7.2.3.7 Glossário

Elemento opcional. É uma lista de palavras ou expressões que são utilizadas ao longo do artigo e que seu sentido não é claro, deve ser elaborada em ordem alfabética e acompanhada de suas respectivas definições. Sendo apresentado, deve aparecer logo após as referências separados por duas linhas em branco de espaçamento. Antecedido da expressão Glossário em negrito, fonte tamanho 12, caixa alta (maiúscula) e centralizada.

7.2.3.8 Apêndice(s)

Elemento opcional. Material elaborado pelo autor, que ajuda na compreensão do que está sendo posto, mas não fica bem se figurado ao longo do texto. Sendo apresentado, deve aparecer logo após o glossário separados por duas linhas em branco de espaçamento. Os apêndices devem ser identificados por letras maiúsculas consecutivas, travessão e título antecedidos da expressão apêndice em negrito, fonte tamanho 12, caixa alta (maiúscula) e centralizada.

7.2.3.9 Anexo(s)

Elemento opcional. Material não elaborado pelo autor, que ajuda na compreensão do que está sendo posto, mas não fica bem se figurado ao longo do texto. Sendo apresentado, deve aparecer logo após o(s) apêndice(s) separados por duas linhas em branco de espaçamento. Os anexos devem ser identificados por letras maiúsculas consecutivas, travessão e título antecedidos da expressão anexo em negrito, fonte tamanho 12, caixa alta (maiúscula) e centralizada.

De acordo com o item 6.1.2, possíveis agradecimentos do(s) autor(es) e data de entrega dos originais à redação do periódico devem ser colocados no final dos elementos textuais (NBR 6022:2003, p. 3).
Veja a seguir um exemplo de artigo científico.

[1]

EDUCAÇÃO: De quem? Para quem? Para quê?

Selma Cristina dos Santos[*]
Márcia Alves Faleiro de Carvalho[**]

RESUMO

O presente artigo busca propiciar mecanismos de discussão e análise de aspectos da vida social que em larga medida...
Palavras-chave: Educação. Globalização. Identidade. Ciclos.

INTRODUÇÃO

A escola, como direito de todo cidadão brasileiro e como dever do Estado, passa a existir legalmente em nosso país a partir da promulgação da Constituição Federal de 1988...

---

[*] Mestra em antropologia social pela Universidade de Brasília. Professora de antropologia e metodologia da pesquisa.
[**] Mestra em ciência da religião pela PUC-Goiás. Professora da rede pública e privada.

O SER EDUCADOR ONTEM E HOJE

Como "em todo processo educativo, quando não de maneira explicita, ao menos de modo latente, encontra-se um modelo de homem, de comportamento e de sociedade" (GONZÁLEZ; DOMINGOS, 2005, p. 17) assim sendo...

AS INSTITUIÇOES SOCIAIS E A (CON)FORMAÇÃO DO MODELO SOCIAL VIGENTE

As mudanças sociais também fizeram acontecer mudanças nas instituições que outrora realizavam papéis fundamentais e fundamentantes na inserção do indivíduo no meio social...

A IMPLANTAÇÃO DE CICLOS NA REDE ESCOLAR E A SEDIMENTAÇÃO DE MODELOS SOCIAIS

Para atender ao novo perfil de aluno e de interesses, a instituição escolar também se insere nesse processo através da mudança do *princípio do conhecimento* para o *princípio da socialidade* (MIRANDA, 2005)...

CONSIDERAÇÕES FINAIS (OU CONCLUSÃO)

Se de um lado temos a Declaração Mundial de Educação para Todos que vê a educação como aquela que propicia ao aluno mecanismos para que "possam sobreviver, desenvolver plenamente suas...

EDUCATION: From who? To Who? For what?

ABSTRACT

The present article intends to provide mechanisms for discussion and analysis of aspects of the social life that largely...

Keywords: Education. Globalization. Identity. Cycles.

REFERÊNCIAS

(Veja modelo de referência no item 4.2.4 do capítulo 4 e no final do livro).

GLOSSÁRIO

(Veja modelo de glossário no item 6.1.17 do capítulo 6).

APÊNDICE A – Roteiro de Entrevista com Professores da rede municipal

(Veja modelo de apêndice no item 4.2.5 do capítulo 4).

ANEXO A – Fotos das escolas municipais de Goiânia na década de 1970

(Veja modelo de anexo no item 4.2.6 do capítulo 4).

ATIVIDADES COMPLEMENTARES

1 Relacione os elementos pré-textuais, textuais e pós-textuais obrigatórios de um artigo segundo estabelece a Associação Brasileira de Normas Técnicas (ABNT) através da NBR 6022:2003.

2 Explique o que é um artigo e qual a sua função.

3 De acordo com a NBR 6022:2003, quais os elementos que não podem aparecer em um artigo com indicativo numérico?

PALAVRAS FINAIS

Não ousamos no final deste material apresentar uma conclusão, nem tampouco tivemos a pretensão de esgotar um assunto desse nível de complexidade. Procuramos, no entanto – com todas as limitações que a nós são cabíveis – sermos ponte, elo de ligação entre leitor e conhecimento. Se a isso nosso trabalho se prestou, sentimo-nos felizes.

O objetivo principal desse trabalho foi despertar em você leitor o desejo pela busca do conhecimento, por sabermos ser esse o passo primeiro e fundamental para uma boa jornada acadêmica. Segundo Richard Horty (1988), no processo do conhecimento é necessário que se estabeleça uma relação entre sujeito e objeto, ou seja, só haverá conhecimento quando o sujeito conseguir representar mentalmente o objeto, daí afirmar que: "Conhecer é representar cuidadosamente o que é exterior à mente" (apud COTRIM, 2000, p. 58).

Cervo, Bervian e Da Silva (2007) também afirmam que conhecer é uma relação estabelecida entre o sujeito cognoscente (nossa consciência, nossa mente) e o objeto conhecido (a realidade, o mundo, os fenômenos), e, nesse processo, a nossa consciência se apropria de uma realidade. Essa apropriação pode ser física, quando um órgão corporal do sujeito é modificado, ou seja, um *conhecimento sensível*. Mas, se ocorrer conhecimento em relação a conceitos, verdades, princípios e leis, é um *conhecimento intelectual*.

Segundo os mesmos autores, o resultado do conhecimento tem duas realidades: de um lado o sujeito cognoscente e, de outro, o objeto conhecido, possuído pelo cognoscente.

Sendo a academia o lugar por excelência da busca do conhecimento científico é importante ressaltar que esse não é o único tipo de conhecimento existente. Sendo o pensamento uma atividade intelectual, poderão ocorrer diversas formas de apropriação do conhecimento. Essa apropriação poderá se dar em quatro níveis distintos: empírico, científico, filosófico e teológico.

O conhecimento teológico apoia-se em doutrinas que contêm proposições sagradas, reveladas pelo sobrenatural, por isso essas verdades são infalíveis e indiscutíveis. Esse conhecimento relativo a Deus e revelado pela fé teológica é denominado conhecimento teológico. É um conhecimento de criação divina, suas evidências não são verificadas, estão baseadas na fé. É um conjunto de verdades no qual, as pessoas chegam mediante a aceitação de uma revelação divina. Esses conhecimentos estão nos livros sagrados.

Segundo Marconi e Lakatos (2003), as pessoas que aderem ao conhecimento teológico baseiam-se em atos de fé, ou seja, tudo que ocorre no mundo são evidências divinas e não são postas em dúvidas. No conhecimento teológico, as verdades tratadas são revelações divinas. Para Servo, Bervian e Da Silva: "A fé teológica sempre está ligada a uma pessoa que testemunha Deus diante de outras pessoas. Para que isso aconteça, é necessário que tal pessoa que conhece a Deus e vive o mistério divino o revele a outra" (2007, p. 9).

O conhecimento filosófico é valorativo, pois se baseia em hipóteses filosóficas, portanto não verificáveis, pois essas hipóteses não podem ser confirmadas nem refutadas. É racional, devido aos enunciados estarem logicamente correlacionados. É sistemático, pois suas hipóteses e enunciados objetivam representar de forma coerente a realidade estudada e apreendê-la totalmente. É infalível e exato, pois não é submetido à experimentação. O objeto de análises da filosofia são as ideias, que não são passíveis de observações sensoriais.

O conhecimento filosófico parte da reflexão, uma análise e uma crítica sobre o saber. Leva o ser humano a uma constante interpretação do meio em que vive. De acordo com Cervo, Bervian e Da Silva (2007, p. 8): "Filosofar é interrogar. A interrogação parte da curiosidade, que é inata. Ela é constantemente renovada, pois surge quando um fenômeno nos revela alguma coisa de um objeto e ao mesmo tempo nos sugere o oculto, o mistério".

O conhecimento empírico ou do senso comum é um conhecimento valorativo, pois se fundamenta em estados de ânimo e emoções. É um conhecimento limitado à vida diária, percebe-se no dia a dia, não permite a formulação de hipóteses sobre a existência de fenômenos situados além das percepções objetivas. Esse conhecimento é constituído por meio de experiências vivenciadas pela pessoa em seu cotidiano e de investigações pessoais feitas em relação às circunstâncias da vida. Para Chauí (2010), o conhecimento empírico é uma experiência sensível, que é responsável pela existência das ideias na razão e controla o trabalho da própria razão, pois esta, a razão, depende da experiência sensível.

O conhecimento científico é um conhecimento real ou factual, pois lida com a ocorrência de fatos. Suas hipóteses podem ser verificadas através de experiências. É sistematizado, é um saber ordenado logicamente, formando teorias. É caracterizado por verificabilidade, pois todas as hipóteses são comprovadas. É falível devido não ser definitivo, pois novas proposições técnicas podem reformular teorias já existentes.

Na concepção atual de ciência não existem verdades absolutas, prontas e acabadas. Por assim ser, "a ciência é entendida como uma busca constante de explicações e soluções, de revisão e de reavaliação de seus resultados, apesar de sua falibilidade e de seus limites" (CERVO; BERVIAN; DA SILVA 2007, p. 7). Dessa forma é possível perceber que a ciência possui aspectos positivos e negativos. O *aspecto positivo* da ciência é a organização do conhecimento sobre os fenômenos do mundo, para proporcionar aos seres humanos meios de controle sobre a natureza. Segundo Nietzsche (apud, COTRIM, 2000) isso não é possível, pois o conhecimento se dá através da força, e isso implica poder. Nesse sentido, percebe-se o *aspecto negativo* da ciência, pois os valores humanos tornam-se menores em relação às tecnologias. Nessa relação de ambiguidade da ciência, cabe ao filósofo refletir sobre os limites das atividades científicas e suas relações com os seres humanos com o intuito de levar a sociedade a questionar o papel da ciência e a sua utilização na sociedade.

Entendendo ciência como "uma sistematização de conhecimentos, um conjunto de proposições logicamente correlacionadas sobre o comportamento de certos fenômenos que se deseja estudar" (MARCONI; LAKATOS, 2003, p. 80) é importante ressaltar que, apesar de sua grande importância e utilização no mundo atual, ela não carrega em si o poder absoluto de verdade e nem tampouco trás em si a neutralidade, daí o cuidado para não mitificar a ciência. No que diz respeito à neutralidade, vale lembrar que existem grupos econômicos e grandes empresas que financiam os cientistas, seus laboratórios e suas pesquisas. Sendo financiados, esses cientistas vão atender aos interesses desses grupos. Segundo Chauí a imagem da neutralidade científica é ilusória. Para a autora: "Quando um cientista escolhe uma certa definição de seu objeto, decide usar um determinado método e espera obter certos resultados, sua atividade não é neutra nem imparcial, mas feita por escolhas precisas" (1999, p. 281).

Em relação a mitificar a ciência e os cientistas, Rubem Alves (2003) ressalta que esse é um caminho perigoso, pois as pessoas passam a acreditar no que o cientista fala, como algo sagrado e intocável, como se fosse uma verdade absoluta e isso não é possível, uma vez que, qualquer que seja o método, ele será sempre passível de falhas. É tendo como referência essa preocupação que Alves alerta dizendo que

> O cientista virou um mito. Todo mito é perigoso, porque ele induz o comportamento e inibe o pensamento. Este é um dos resultados engraçados da ciência. Se existe uma classe especializada em pensar de maneira correta (os cientistas), os outros indivíduos são liberados da obrigação de pensar e podem fazer o que os cientistas mandam (1993, p. 11).

Cientes de todas estas "faces" que a ciência pode assumir, ainda assim finalizamos parafraseando Demo (1989) ressaltando a importância da ciência para a concretização de um mundo mais humano e mais próximo dos ideais de justiça. Mais vale ainda ressaltar que todo conhecimento adquirido só engrandece e enobrece quando é usado para o bem comum, pois o conhecimento que gera sentimento de superioridade, de prepotência, de autoritarismo, ao contrário de elevar a mente humana, "a emburrece".

Por fim, ressaltamos que, embora tenha sido elaborado com muito carinho e zelo, imaginamos que críticas e questionamentos apareceram ou aparecerão. Se assim o for, atingiu o nosso alvo, pois a ciência, por não ser pronta e acabada, está sempre sujeita a correções, mudanças, alterações. Por sabermos que a ciência avança com a reflexão e a crítica, estamos abertas para diálogo enriquecedor e produtor de novas edições e/ou novos trabalhos.

REFERÊNCIAS

ACEVEDO, Claudia Rosa; NOHARA, Jouliana Jordan. **Monografia no curso de administração**. 2. ed. ampl. e rev. São Paulo: Atlas, 2006.

ALVES, Rubem. **Filosofia da Ciência**. São Paulo: Brasiliense, 1993.

ANDRADE, Maria Margarida. **Introdução à metodologia do trabalho científico**. 6. ed. São Paulo: Atlas, 2003.

ASSOCIAÇÃO BRASILEIRA DE NORMAS TÉCNICAS. **NBR 6022**. Informações e documentação – Artigo em publicação periódica científica impressa – apresentação. Rio de Janeiro: ABNT, 2003a.

_____. **NBR 6023**. Informação e documentação – Referência – apresentação. Rio de Janeiro: ABNT, 2002a.

_____. **NBR 6024**. Informação e documentação – Numeração progressiva das seções de um documento escrito – apresentação. Rio de Janeiro: ABNT, 2003b.

_____. **NBR 6027**. Informação e documentação – Sumário – apresentação. Rio de Janeiro: ABNT, 2003c.

_____. **NBR 6028**. Informação e documentação – Resumo – apresentação. Rio de Janeiro: ABNT, 2003d.

_____. **NBR 6034**. Informação e documentação – Índice – apresentação. Rio de Janeiro: ABNT, 2004a.

_____. **NBR 10520**. Informação e documentação – Citações em documentos – apresentação. Rio de Janeiro: ABNT, 2002b.

_____. **NBR 12225**. Informação e documentação – Lombada – apresentação. Rio de Janeiro: ABNT, 2004d.

_____. **NBR 14724**. Informação e documentação – Trabalhos acadêmicos – apresentação. Rio de Janeiro: ABNT, 2011a.

_____. **NBR 15287**. Informação e documentação – Projeto de pesquisa – apresentação. Rio de Janeiro: ABNT, 2011b.

BASTOS, Cleverson; KELLER, Vicente. **Introdução à metodologia científica**. 17. ed. rev. e atual. Petrópolis: Vozes, 2004.

CAJUEIRO, Roberta Liana Pimentel. **Manual para elaboração de trabalhos acadêmicos**: guia prático do estudante. Petrópolis: Vozes, 2012.

CERVO, Amado Luiz; BERVIAN, Pedro Alcino; DA SILVA, Roberto. **Metodologia científica**. 6. ed. São Paulo: Pearson Prentice Hall, 2007.

CHAUÍ, Marilena. **Convite à filosofia**. 11. ed. São Paulo: Atlas, 1999.

COSTA, Marco Antonio F. da; COSTA, Maria de Fátima Barrozo da. **Projeto de pesquisa**: Entenda e Faça. 4. ed. rev. e atual. Petrópolis: Vozes, 2013.

DEMO, Pedro. **Metodologia científica em ciências sociais**. 2. ed. rev. e ampl. São Paulo: Atlas, 1989.

DOS SANTOS, Selma Cristina. **A migração para os Estados Unidos e a cidade de Tiros (MG)**. Dissertação de mestrado. Universidade de Brasília. 1995.

ECO, Umberto. **Como se faz uma tese**. 18. ed. São Paulo: Perspectiva, 2003.

GONÇALVES, Hortência de Abreu. **Manual de projetos de pesquisa científica**. São Paulo: Avercamp, 2003.

MARCONI, Marina de Andrade; LAKATOS, Eva Maria. **Fundamentos da metodologia científica**. 5. ed. São Paulo: Atlas, 2003.

MARTINS, Jorge Santos. **Projetos de pesquisa**: estratégias de ensino e aprendizagem em sala de aula. Campinas: Armazém do Ipê, 2005.

MEDEIROS, João Bosco. **Português instrumental**: para cursos de contabilidade, economia e administração. 4. ed. São Paulo: Atlas, 2000.

MICHALISZYN, Mario Sérgio; TOMASINI, Ricardo. **Pesquisa**: Orientação e normas para elaboração de projetos, monografias e artigos científicos. Petrópolis: Vozes, 2005.

MÜLLER, Mary Stela; CORNELSEN, Julce Mary. **Normas e padrões para teses, dissertações e monografias**. 5. ed. atual. Londrina: Eduel, 2003.

OLIVEIRA, Jorge Leite de. **Texto acadêmico**: técnicas de redação e pesquisa científica. 8. ed. Petrópolis: Vozes, 2012.

PARRA FILHO, Domingos. **Metodologia Científica**. São Paulo: Futura, 1998.

RORTY, Richard. **A filosofia e o espelho da natureza**. Lisboa: Publicações Dom Quixote, 1988.

RUDIO, Franz Victor. **Introdução ao projeto de pesquisa científica**. 33. ed. Petrópolis: Vozes, 1986.

SALOMON, Delcio Vieira. **Como fazer uma monografia**. São Paulo; Martins fontes, 1973.

SANTOS, Rafael José dos. **Antropologia para quem não vai ser antropólogo**. Porto Alegre: Tomo Editorial, 2010.

SILVA, José Maria da. **Apresentação de trabalhos acadêmicos**: normas e técnicas. Petrópolis: Vozes, 2007.

CULTURAL

Administração
Antropologia
Biografias
Comunicação
Dinâmicas e Jogos
Ecologia e Meio Ambiente
Educação e Pedagogia
Filosofia
História
Letras e Literatura
Obras de referência
Política
Psicologia
Saúde e Nutrição
Serviço Social e Trabalho
Sociologia

CATEQUÉTICO PASTORAL

Catequese
Geral
Crisma
Primeira Eucaristia

Pastoral
Geral
Sacramental
Familiar
Social
Ensino Religioso Escolar

TEOLÓGICO ESPIRITUAL

Biografias
Devocionários
Espiritualidade e Mística
Espiritualidade Mariana
Franciscanismo
Autoconhecimento
Liturgia
Obras de referência
Sagrada Escritura e Livros Apócrifos

Teologia
Bíblica
Histórica
Prática
Sistemática

REVISTAS

Concilium
Estudos Bíblicos
Grande Sinal
REB (Revista Eclesiástica Brasileira)
SEDOC (Serviço de Documentação)

VOZES NOBILIS

Uma linha editorial especial, com importantes autores, alto valor agregado e qualidade superior.

VOZES DE BOLSO

Obras clássicas de Ciências Humanas em formato de bolso.

PRODUTOS SAZONAIS

Folhinha do Sagrado Coração de Jesus
Calendário de mesa do Sagrado Coração de Jesus
Agenda do Sagrado Coração de Jesus
Almanaque Santo Antônio
Agendinha
Diário Vozes
Meditações para o dia a dia
Encontro diário com Deus
Guia Litúrgico

CADASTRE-SE
www.vozes.com.br

EDITORA VOZES LTDA.
Rua Frei Luís, 100 – Centro – Cep 25689-900 – Petrópolis, RJ
Tel.: (24) 2233-9000 – Fax: (24) 2231-4676 – E-mail: vendas@vozes.com.br

UNIDADES NO BRASIL: Belo Horizonte, MG – Brasília, DF – Campinas, SP – Cuiabá, MT
Curitiba, PR – Florianópolis, SC – Fortaleza, CE – Goiânia, GO – Juiz de Fora, MG
Manaus, AM – Petrópolis, RJ – Porto Alegre, RS – Recife, PE – Rio de Janeiro, RJ
Salvador, BA – São Paulo, SP